CLARINETE BAJO EN SI♭ LIBRO NÚMERO 1

ESSENTIAL ELEMENTS

para banda

MÉTODO DE BANDA COMPRENSIVO

TIM LAUTZENHEISER • JOHN HIGGINS • CHARLES MENGHINI
PAUL LAVENDER • TOM C. RHODES • DON BIERSCHENK
Traducido al español por Sara Denlinger

Banda es...

M anifestando arte musical con una familia de amistades

U tilizando nuestra dedicación para crear éxito

S uperarse a través de las alegría en trabajar unidos

I ndividuos expresándose en un idioma universal

C reatividad – expresándote en un idioma universal

A ctualizando la unión de varias personas y culturas

Banda es...**MÚSICA!**

¡A Tocar la música!
Tim Lautzenheiser

HISTORIA DE LA CLARINETE BAJO

En 1690, el fabricante de instrumentos alemán Johann Denner inventó el clarinete al transformar el "chalumeau" (sha-lu-mó), un instrumento de lengüeta doble, en uno de lengüeta simple. Como el chalumeau solo podía tocar notas en un registro bajo, añadió una "llave de registro" para permitir que su nuevo instrumento pudiera tocar notas más agudas. La palabra clarinete proviene del italiano clarino, que se usaba para un tipo antiguo de trompeta de tono agudo. Hoy en día, el registro grave del clarinete todavía se llama "registro chalumeau", en referencia a las notas bajas del chalumeau original.

Para la década de 1840, dos fabricantes de instrumentos franceses llamados Klosé y Buffet crearon un sistema de digitación para clarinete basado en el sistema de llaves para flauta diseñado por Boehm. Casi todos los clarinetes actuales están fabricados con el sistema Boehm.

La familia del clarinete incluye el clarinete en Si♭ (B♭), el clarinete en la (utilizado en algunas obras orquestales), el clarinete bajo en si♭, los clarinetes soprano y alto en Mi♭ (E♭), el clarinete contrabajo en mi♭ y el clarinete contrabajo en Si♭. Las digitaciones son prácticamente iguales en todos los clarinetes, lo que permite que un clarinetista pueda tocar cualquiera de estos instrumentos. Como uno de los instrumentos principales en el sonido de una banda de concierto, los clarinetes tocan melodías, armonías y solos. Los clarinetes altos apoyan las voces intermedias de la banda de concierto y tocan armonías con otros instrumentos.

Mozart, Brahms, Weber, Bartók e Hindemith están entre los compositores importantes que han destacado los clarinetes en sus composiciones. Algunos clarinetistas famosos incluyen a Richard Stoltzman, Benny Goodman, Eddie Daniels, Stanley Drucker, John Bruce Yeh, Sabine Meyer, Anthony McGill y Doreen Ketchens.

Para crear una cuenta, visite:
www.essentialelementsinteractive.com

Codigo de activacion de estudiante
E1BC-ES72-5965-1268

ISBN 979-835015929-5

LO BÁSICO

Postura
Siéntate en el borde de tu silla y siempre mantén tu:
- Columna vertebral recta y alta
- Hombros hacia atrás y relajado
- Pies apoyados en el suelo

Respiración y flujo de aire
La respiración es algo natural que todos hacemos constantemente.
Para descubrir el flujo de aire correcto para tocar tu instrumento:
- Coloca la palma de tu mano cerca de tu boca.
- Inhala profundamente por las comisuras de tu boca, manteniendo tus hombros estables. Tu cintura debería expandirse como un globo.
- Susurra lentamente "tu" mientras exhalas aire gradualmente en tu palma.

El aire que sientes es la corriente de aire. Produce sonido a través del instrumento. Tu lengua es como un grifo o una válvula que libera la corriente de aire.

Produciendo el tono esencial
Tu embocadura es la posición de tu boca en la boquilla del instrumento. Una buena embocadura requiere tiempo y esfuerzo, así que sigue cuidadosamente estos pasos para tener éxito:

COLLOCACIÓN REED
- Pon el extremo delgado de la caña en tu boca para humedecerlo por completo.
- Mirando el lado plano de la boquilla, los tornillos de la ligadura se extienden hacia tu derecha. Desliza la ligadura hacia arriba con tu pulgar.
- Coloca el lado plano de la caña contra la boquilla debajo de la ligadura.
- Baja la ligadura y posiciona la caña de modo que solo se vea una línea fina de la boquilla por encima de la caña.
- Aprieta suavemente los tornillos de la ligadura.

EMBOCADURA
- Humedece tus labios y enrolla el labio inferior sobre tus dientes inferiores.
- Tensa las comisuras de tu boca como una sonrisa ligeramente fruncida.
- Estira tu barbilla hacia abajo.
- Coloca la boquilla sobre tu labio inferior de manera que la caña se extienda aproximadamente 1/2 pulgada dentro de tu boca. Coloca los dientes superiores sobre la boquilla.
- Cierra tu boca alrededor de la boquilla. Mantén las comisuras de la boca firmes y la barbilla apuntando hacia abajo.

Cuidando tu instrumento
Antes de guardar tu instrumento en su estuche después de tocar, haz lo siguiente:
- Retire la lengüeta, limpie el exceso de humedad y devuélvala al estuche de lengüetas.
- Retire la boquilla y limpie el interior con un paño limpio. Una vez a la semana, lave la boquilla con agua tibia del grifo. Seque completamente.
- Retira el barril y la campana, y sacude el exceso de humedad. Guarda las en el estuche.
- Deje caer un paño de chamois pesado o un hisopo de algodón en la campana y sáquelo a través del tubo.
- Desenrosque cuidadosamente el tubo y seque cualquier humedad adicional. Colóquelo en el estuche.
- Gire suavemente las secciones superior e inferior, manteniendo la campana aún adjunta. Coloque la sección superior en el estuche.
- Retire la campana y coloque la campana y la sección inferior de vuelta en el estuche.

ENTRENAMIENTO CON BOQUILLA
Forma tu embocadura alrededor de la boquilla y toma una respiración profunda sin levantar los hombros. Susurra "too" y exhala gradualmente tu corriente de aire completa. Esfuérzate por un tono uniforme.

Reuniéndolo todo

Si acabas de hacer el EJERCICIO DE BOQUILLA, comienza retirando la caña con cuidado. De lo contrario, saca la caña de su estuche.

Paso 1 Mete el extremo delgado del junco en tu boca para humedecerlo. Colócalo a fondo mientras ensamblas tu instrumento. Si es necesario, aplica una pequeña cantidad de grasa para corcho en todos los corchos.

Paso 2 (Si tu instrumento tiene una sola pieza, pasa al Paso 3.) Sujeta la parte superior con la mano izquierda. Presiona los dedos sobre las llaves redondas. Las tecla puente deben estar levantadas. Agarra la parte inferior con la mano derecha y presiona los dedos sobre las llaves redondas. Gira suavemente las partes superior e inferior juntas. La llave puente de la parte superior debe quedar directamente sobre la llave puente de la parte inferior. Ten cuidado de no doblar ninguna llave ni varilla.

Paso 3 Presiona la llave del pabellón para levantar la palanca y gira el pabellón sobre el corcho de la parte inferior. Apunta el pabellón hacia adelante, alineado con las llaves redondas.

Paso 4 Inserta el espolón en la parte trasera del pabellón. Aprieta el espolón en la parte trasera del pabellón. Aprieta el tornillo y baja el instrumento hacia el suelo. Si usas una correa para el cuello, póntela.

Paso 5
Gira la boquilla en el cuello. Coloca la lengüeta sobre la boquilla.

Paso 6
Gira el extremo más pequeño del cuello dentro de la sección del cuerpo y alinéalo con la llave de registro. Aprieta el tornillo del cuello.

Paso 7
Ajusta una posición cómoda para tocar, centrada frente a tu cuerpo. Apoya el pulgar izquierdo sobre la llave del pulgar. Coloca el pulgar derecho debajo del apoyapulgar. Los dedos deben curvarse de forma natural. Sostén el instrumento como se muestra.

boquilla
abrazadera
corcho
cuello
la tecla de registro
la tecla del pulgar
varilla
teclas
parte superior
corcho
las teclas puente
parte inferior
varillas
pabellón
palanca de la tecla del pabellón

El estudiante que aparece es miembro de la Orquesta Sinfónica Juvenil de Milwaukee.

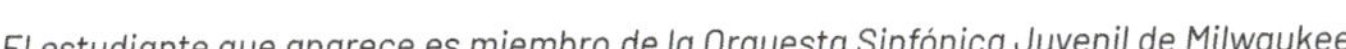

LECTURA DE MÚSICA

Identifica y dibuja cada uno de estos símbolos:

Pentagrama

El Pentagrama de Música tiene 5 líneas y 4 espacios donde se escriben notas y silencios.

Lineas adicionales

Las líneas adicionales amplían el pentagrama musical. Las notas en las líneas adicionales pueden estar por encima o por debajo del pentagrama.

Compases y lineas divisoras

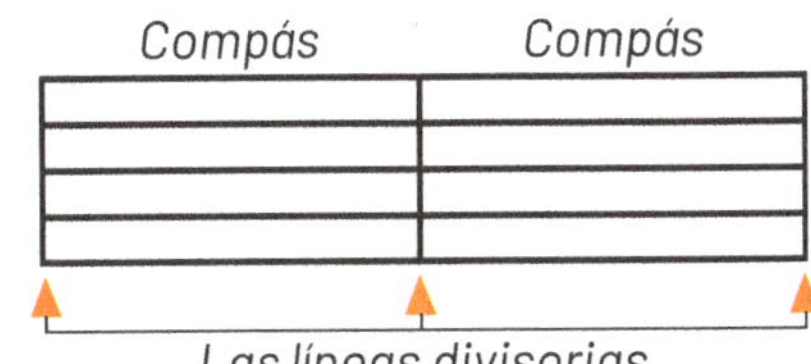

Las líneas divisorias dividen el pentagrama musical en compases.

Clarificación: La palabra compás también se refiere a la fracción numérica que aparece al principio de una canción para indicar cuantos pulsos se encuentran en un compás (el espacio entre las lineas divisoras), pero ese concepto será explicado con mas detalle después en este libro.

Tono largo

Para empezar, usaremos una nota especial de "Tono Largo". Mantén el tono hasta que tu profesor te diga que descanses. Practica tonos largos todos los días para desarrollar tu sonido.

1. La primera nota

Mantén cada tono largo hasta que tu profesor(a) te diga que descanses

Sol

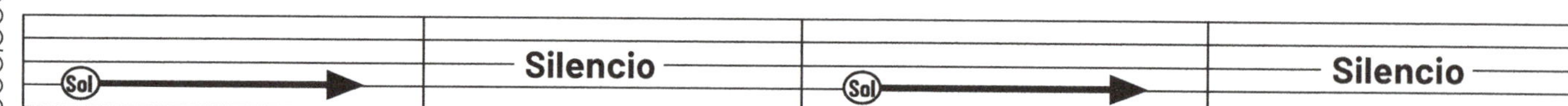

"El "Sol" se toca al aire. Mantén los dedos relajados y curvados por encima de los orificios.

El Ritmo

El **ritmo** es el pulso de la música y, como los latidos del corazón, debe permanecer muy constante. Contando en voz alta y dando golpecitos con los pies nos ayuda a mantener un ritmo constante. Golpea suavemente con el pie hacia **abajo** cada número y hacia **arriba** en cada "y."

Un pulso = 1 y

↓ ↑

Notas y Silencios

Las **notas** nos dicen cuales tonos tocan (alto o bajo) dependiendo en donde aparecen en el pentagrama musical, y también nos dice que duración darles dependiendo en su forma (negra, blanca redonda, etc.). Los **silencios** indican la duración de descanso.

Nota negra = 1 pulso de sonido

Silencio de la negra = 1 pulso de silencio

2. Cuenta y toca

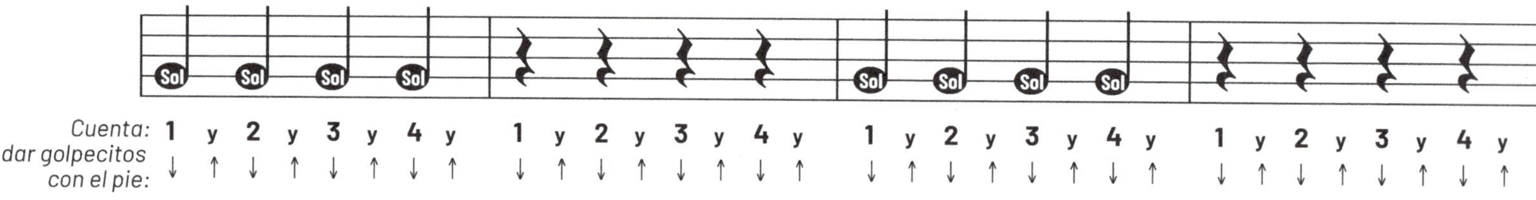

3. Una nota nueva

Busca el diagrama de las digitaciones debajo de cada nota. Esta nota es Fa.

Fa

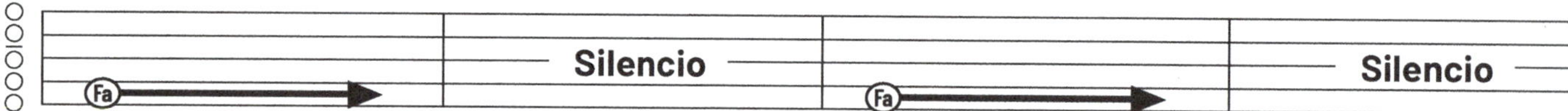

▲ *Los círculos negros te indican qué agujeros o teclas cubrir o presionar. "Fa" se toca con el pulgar izquierdo.*

4. Dos son un equipo

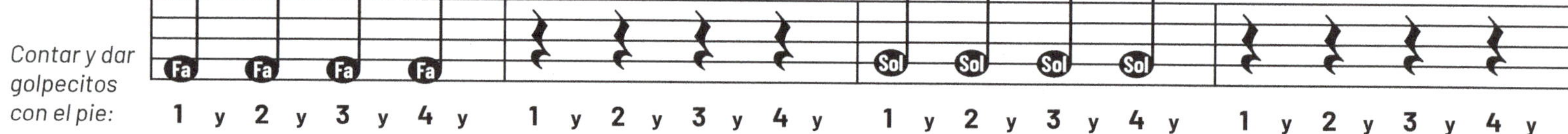

5. Hacia abajo

Practica tonos largos sobre cada nota nueva

Mi

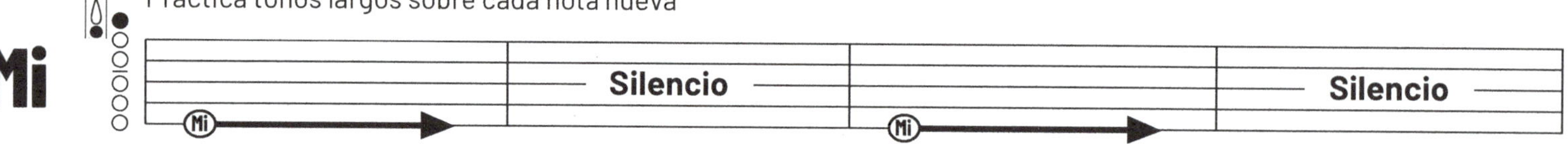

6. Avanzando hacia arriba

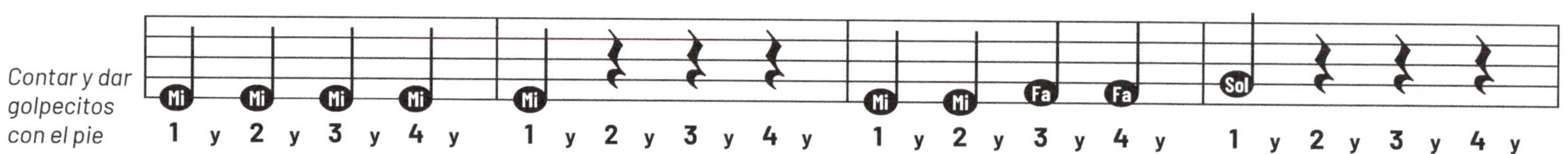

Consulta el interior de la portada para obtener información sobre cómo acceder a los videos instructivos.

Doble barra — Indica el final de una sección de música.

Signo de repetición — Sin parar, toca la canción una vez más desde el principio.

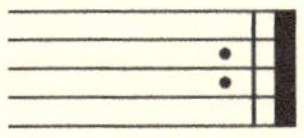

7. El largo plazo

Re

Doble barra

Re — Silencio — Re — Silencio

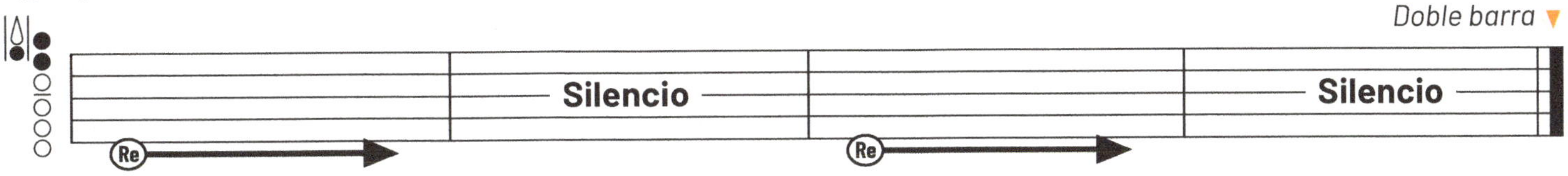

8. Cuatro por cuatro

Signo de repetición

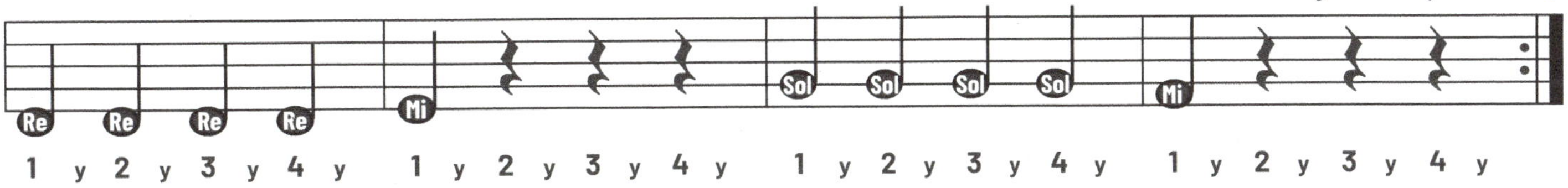

Re Re Re Re | Mi | Sol Sol Sol Sol | Mi

Contar y dar golpecitos con el pie: 1 y 2 y 3 y 4 y | 1 y 2 y 3 y 4 y | 1 y 2 y 3 y 4 y | 1 y 2 y 3 y 4 y

9. La llegada

Do

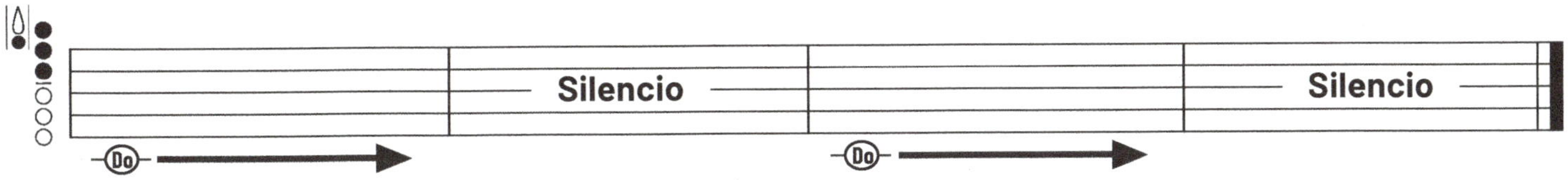

Do — Silencio — Do — Silencio

10. Los fabulosos cincos

Do Do Do Do | Re | Sol Sol Fa Fa | Mi

1 y 2 y 3 y 4 y | 1 y 2 y 3 y 4 y | 1 y 2 y 3 y 4 y | 1 y 2 y 3 y 4 y

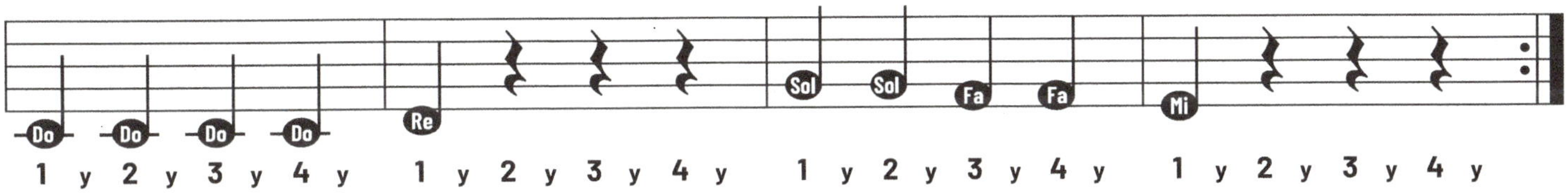

Clave de Sol

Indica la posición de los nombres de las notas sobre el pentagrama musical. La segunda linea del pentagrama es Sol.

Compás (Tiempo)

Parece una fracción. El número de arriba indica cuantos pulsos por compás y el número de abajo indica que tipo de nota recibe un solo pulso.

= **4 pulsos** por cada compás
= **La nota negra** recibe un solo pulso

Nombre de notas

Cada nota aparece sobre una linea o en un espacio del pentagrama. Los nombres de estas notas son indicados por la Clave de Sol.

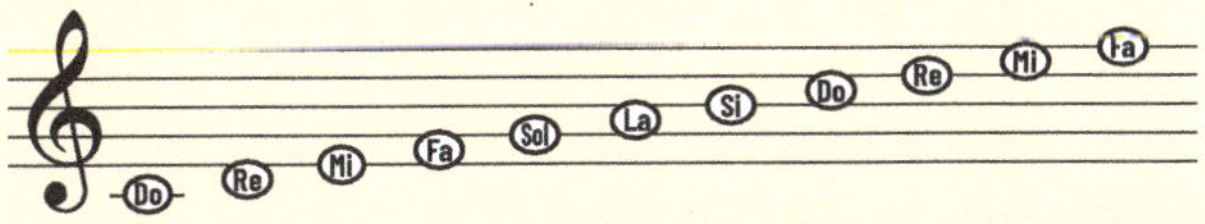

Do Re Mi Fa Sol La Si Do Re Mi Fa

Sostenido ♯ sube el tono de una nota por medio paso y su efecto dura el compás entero.
Bemol ♭ baja el tono de una nota por medio paso y su efecto dura el compás entero.
Becuadro ♮ cancela un sostenido o bemol y su efecto dura el compás entero.

TEORÍA

11. Leyendo las notas *Compare esto al ejercicio #10 (Los fabulosos cincos)*

1 y 2 y 3 y 4 y | 1 y 2 y 3 y 4 y | 1 y 2 y 3 y 4 y | 1 y 2 y 3 y 4 y

12. Primer vuelo

13. Essential Elements: Prueba *Escribe los nombres de las notas que faltan antes de empezar a tocar.*

Do Re Mi ___ ___ ___ ___ ___ ___ ___ ___ ___ ___ ___ ___

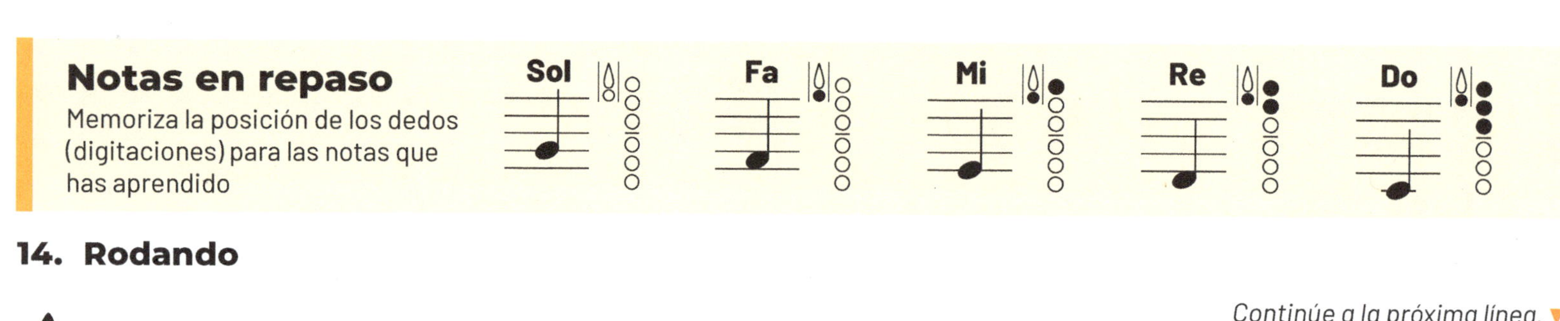

14. Rodando

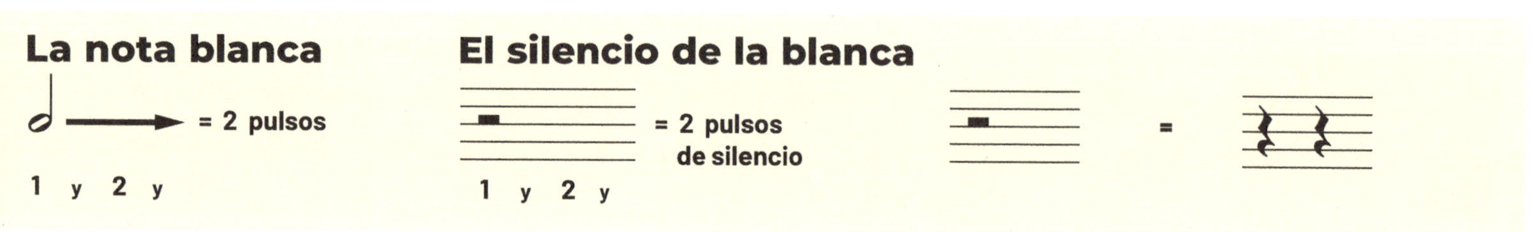

15. Rap de ritmo *Tocar el ritmo con palmadas mientras contando y dando golpecitos.*

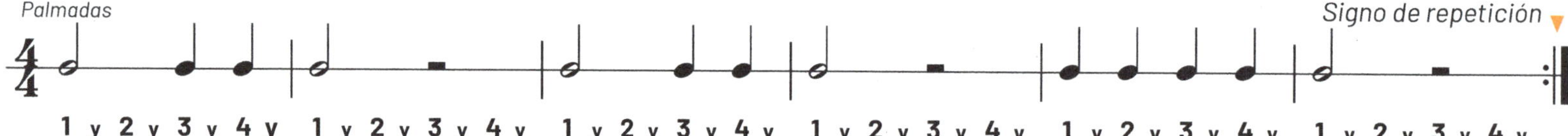

16. La blanca cuenta

17. Panecitos calientes *Revisa tu embocadura y pocisión de las manos*

Signo de respiración ❜ Respira profundamente por la boca después de tocar una nota completa.

18. Díselo a tía Rhodie

Canción folclórica estadounidense

19. Essential Elements: Prueba *Usando los nombres de las notas y los ritmos que aparecen debajo, dibuja tus notas en el pentagrama antes de empezar a tocar.*

La nota redonda

= 4 pulsos

1 y 2 y 3 y 4 y

El silencio de la redonda

= Un compás entero de silencio

1 y 2 y 3 y 4 y

El silencio de la redonda

aparece suspendido de una línea del pentagrama

El silencio de la Blanca

aparece suspendido de una línea del pentagrama

Rap de ritmo *Tocar el ritmo con palmadas mientras contando y dando golpecitos.*

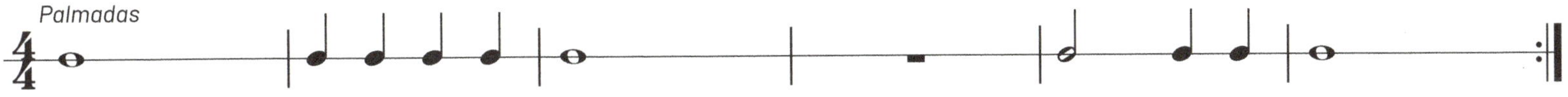

Palmadas

1 y 2 y 3 y 4 y 1 y 2 y 3 y 4 y 1 y 2 y 3 y 4 y 1 y 2 y 3 y 4 y 1 y 2 y 3 y 4 y 1 y 2 y 3 y 4 y

21. La redonda entera

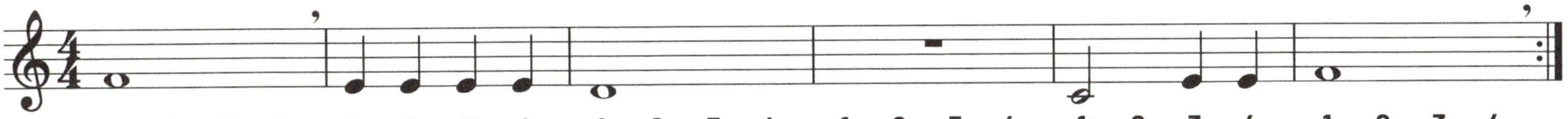

1 y 2 y 3 y 4 y 1 y 2 y 3 y 4 y 1 y 2 y 3 y 4 y 1 y 2 y 3 y 4 y 1 y 2 y 3 y 4 y 1 y 2 y 3 y 4 y

Dúo

Una composición con dos tocados juntos diferentes.

22. Decisión dividida – dùo

A

B

Armadura

La armadura de clave nos indica qué notas tocar con sostenidos (♯) o bemoles (♭) a lo largo de la música. Tu armadura de clave indica la tonalidad de Do mayor (sin sostenidos ni bemoles).

TEORÍA

23. Pasos de marcha

24. Escuchar a nuestras secciones

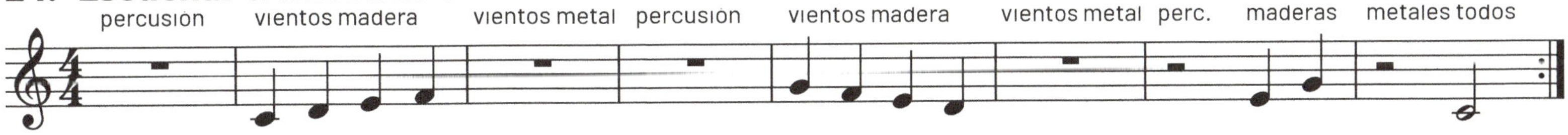

percusion vientos madera vientos metal percusion vientos madera vientos metal perc. maderas metales todos

25. Suavemente rema

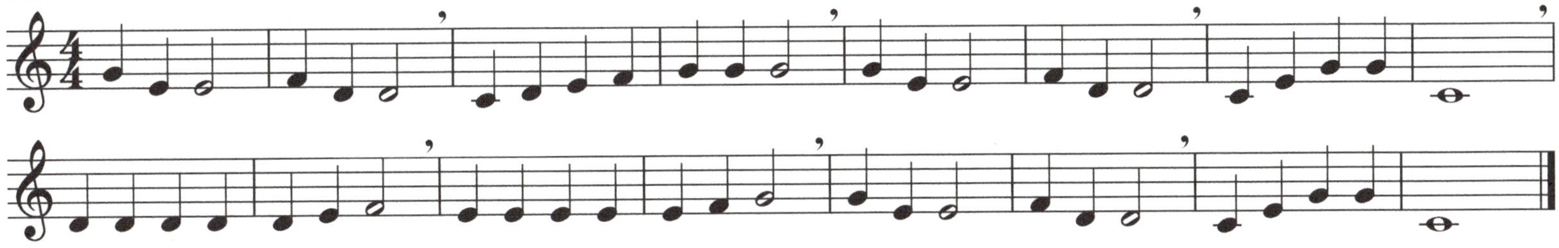

26. Essential Elements: Prueba *Dibuja las líneas que dividen cada compás antes de empezar a tocar.*

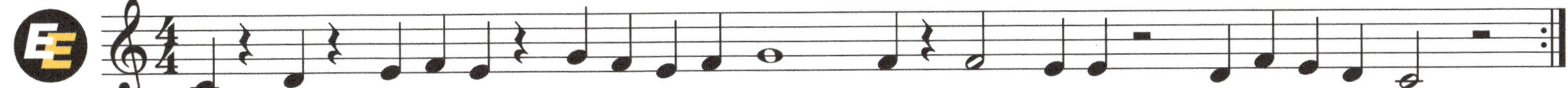

Calderón 𝄐 Sostener la nota (o silencio) por más tiempo que lo normal.

27. Llegando más alto – nota nueva

Practica tonos largos sobre cada nota nueva.

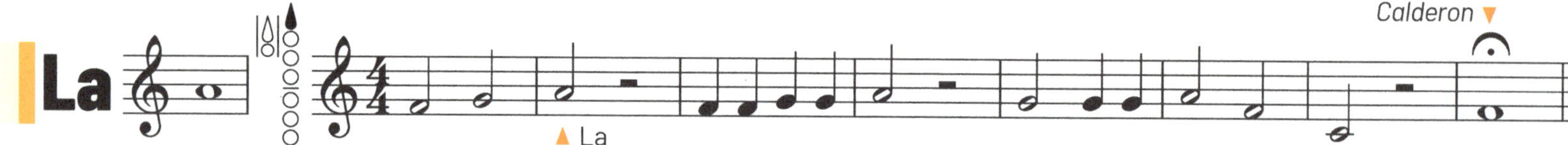

28. El claro de la luna

Canción folclórica francesa

29. Remezcla

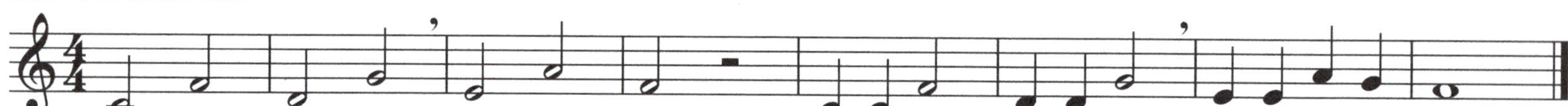

TEORÍA

Armonía Dos o más notas tocadas juntas; Cada combinación forma un *acorde*.

30. El puente de Londres – dúo

Canción folclórica inglesa

HISTORIA

Compositor Austriaco **Wolfgang Amadeus Mozart** (1756-1791) fué un niño prodigio quien empezó tocando música profesionalmente a los seis años y vivió durante el tiempo de la revolución americana. La música de Mozart es muy melódica e imaginativa. Escribió mas de 600 composiciones durante su corta vida, incluyendo una pieza para el piano basado en la famosa canción, "Twinkle, Twinkle, Little Star."

31. Una melodía de Mozart

Adaptación

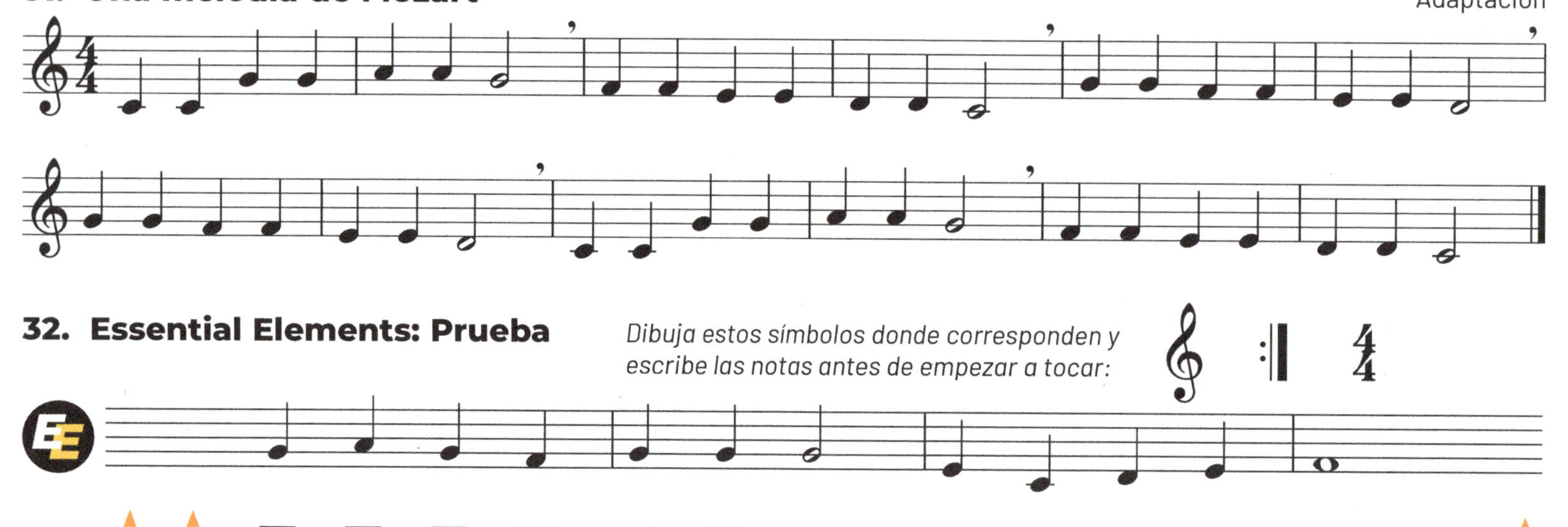

32. Essential Elements: Prueba

Dibuja estos símbolos donde corresponden y escribe las notas antes de empezar a tocar:

33. Bolsillos profundos – nota nueva

34. "Doodle" todo el día

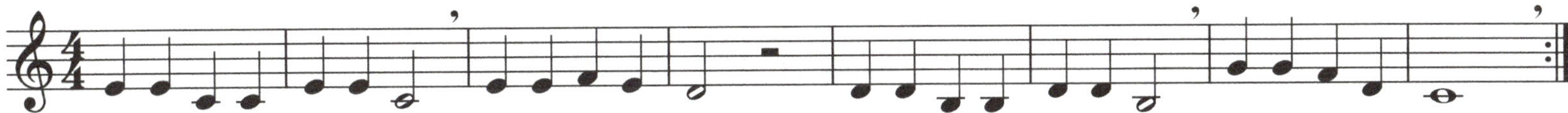

35. Brinca soga

Notas preparatorias Una o más nota(s) que vienen antes del primer compás *completo*. Los pulsos de las notas preparatorias son removidos del último compás.

36. A-tisket, a-tasket

Indicadores de dinámicas ***f*** – *forte* (tocar fuertemente) ***mf*** – *mezzo forte* (tocar en volumen nivel mediana) ***p*** – *piano* (tocar suavemente)
Recuerda usar soporte de respiración completo para controlar tu tono en todos niveles dinámicas

37. Fuerte y suave

Palmadas

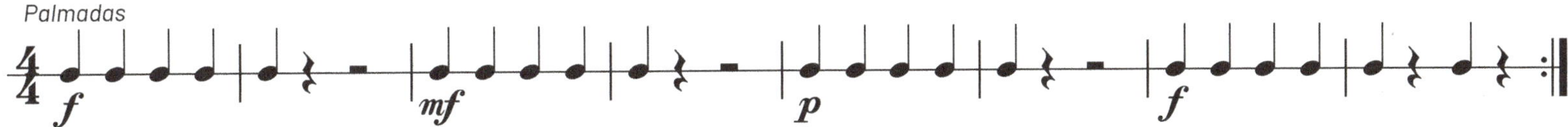

38. Cascabeles *Mantén tus dedos cerca al teclado, curveados naturalmente.*

J. S. Pierpont

39. Mi dreydl *Utilice soporte completo de respiración en cada nivel dinámica.*

Canción tradicional de Hanukkah

Notas Corcheas

Cada nota corchea= 1/2 pulso
Dos notas corcheas= 1 pulso
Tocar una nota en cada mitad del pulso (el golpe en el piso y hacia arriba)

Dos o más notas corcheas son conectadas por una viga horizontal que atraviesa las plicas.

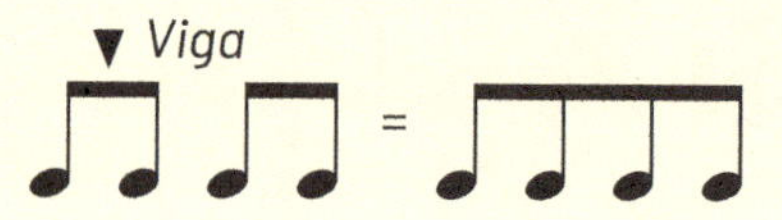

40. Rap de ritmo *Tocar el ritmo con palmadas mientras contando y dando golpecitos.*

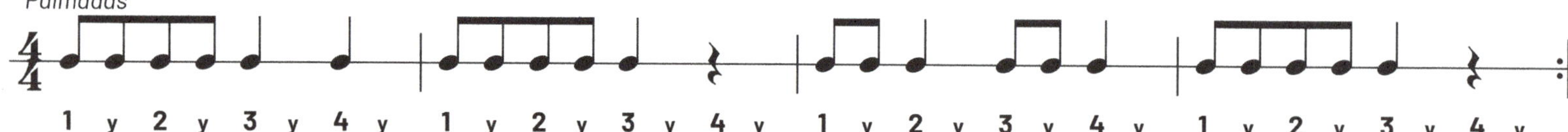

41. "Jam" de corcheas

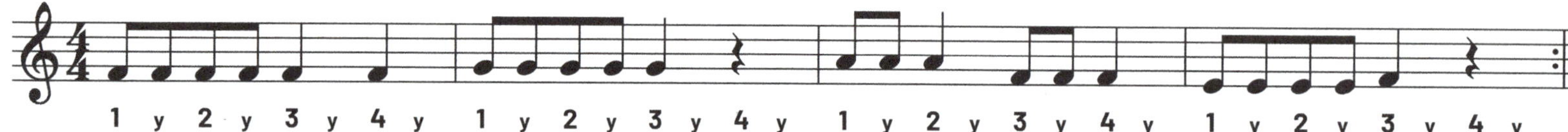

42. Saltar hacia mi Luis

Canción folclórica estadounidense

43. Hace mucho, mucho tiempo *Una buena postura mejora tu tono. Siempre siéntate derecho/a.*

44. Rock de Montaña Caramelo

HISTORIA

Compositor Italiano **Gioachino Rossini** (1792–1868) empezó a escribir música en su adolescencia y era muy competente tocando el piano, la viola y el corno. Rossini compuso "William Tell" a los 37 años como su último de sus 40 óperas, y su tema familiar se oye todavía en televisión y radio.

45. Essential Elements: Prueba – William Tell

Gioachino Rossini

Compás de $\frac{2}{4}$

= **2 pulsos** por cada compás
= **Nota negra** vale 1 pulso

Dirigiendo

Practica dirigir este patrón de dos pulsos

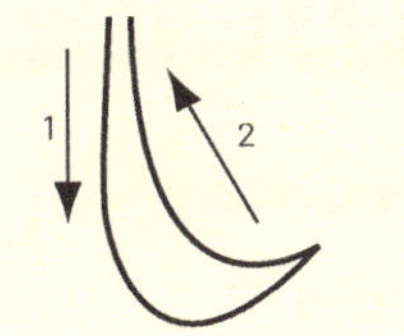

46. Ritmo rap

Palmadas

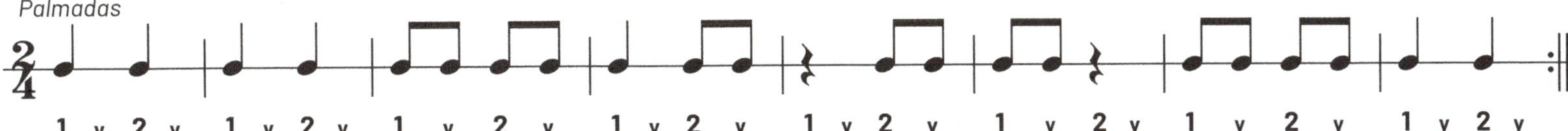

47. De dos en dos

Indicadores de tempo

"Tempo" es la velocidad de la música. Marcas de tempo generalmente se escriben sobre el pentagrama, en italiano.

Allegro – Tempo rápido **Moderato** – Tempo mediana **Andante** – Ritmo de marcha o caminar más lento

48. Marcha de cadetes secundarios

John Philip Sousa

49. ¡Oye! Nadie esta en casa – nota nueva

Dinámicas

Crescendo
(gradualmente aumentando el volumen)

Decrescendo o *Diminuendo*
(gradualmente reduciendo el volumen)

50. Toca las dinámicas con palmadas

Palmadas

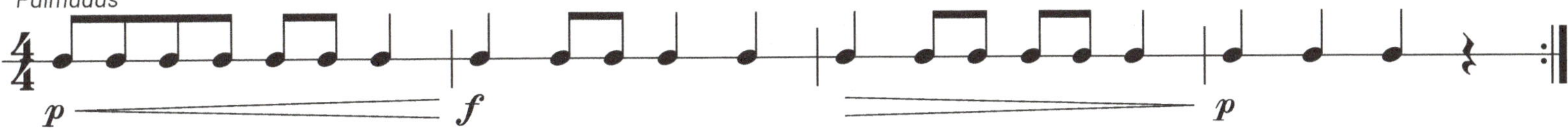

51. Toca las dinámicas

¿Buscas más música divertida para tocar? Consulte la portada interior para obtener instrucciones sobre cómo acceder a las canciones adicionales populares y recientes.

RENDIMIENTO DESCATADO

52. Calentamientos

Desarrollador de tono

Estudio de ritmo

Rap de ritmo

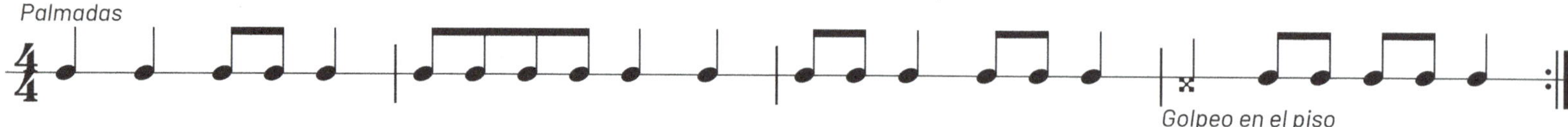

Coral

53. Aura Lee – dúo o arreglo para banda

(Parte A = Melodia, Parte B = Armonia)

George R. Poulton

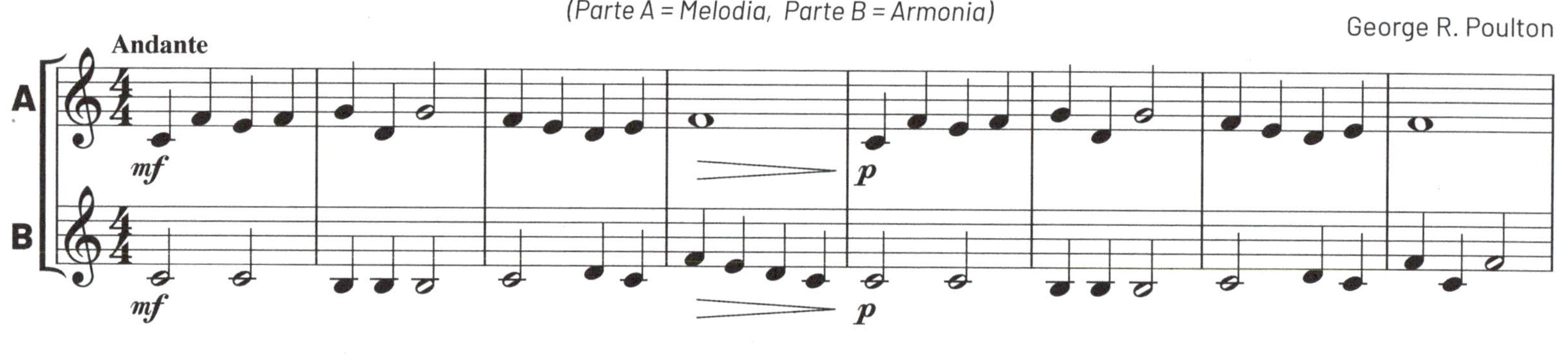

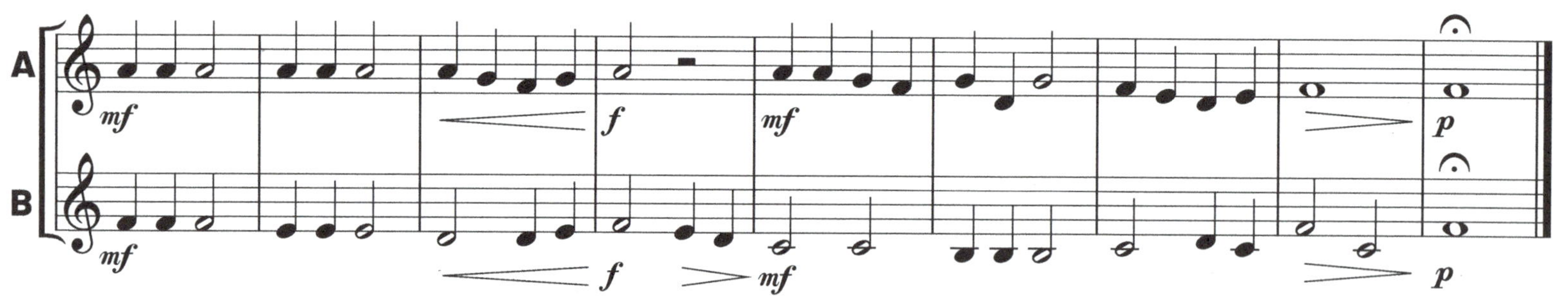

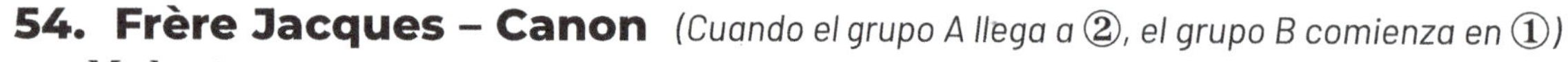

54. Frère Jacques – Canon *(Cuando el grupo A llega a ②, el grupo B comienza en ①)*

Canción folclórica francesa

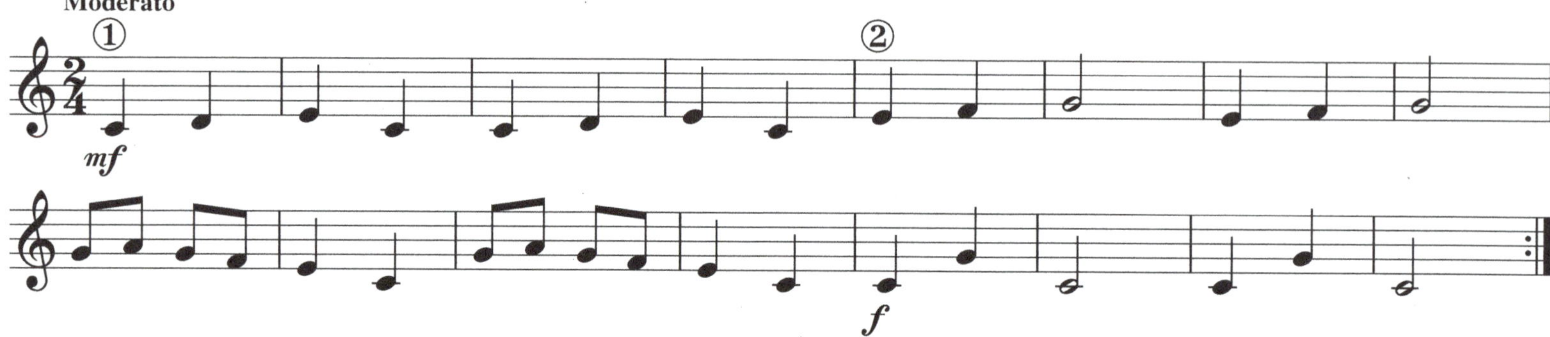

RENDIMIENTO DESCATADO

Ligadura

Una línea curva que conecta notas del mismo tono.
Toca una nota durante el tiempo total de las notas.

59. Listo para ser ligados

60. Alouette

Canción folclórica francocanadiense

Nota blanca con puntillo

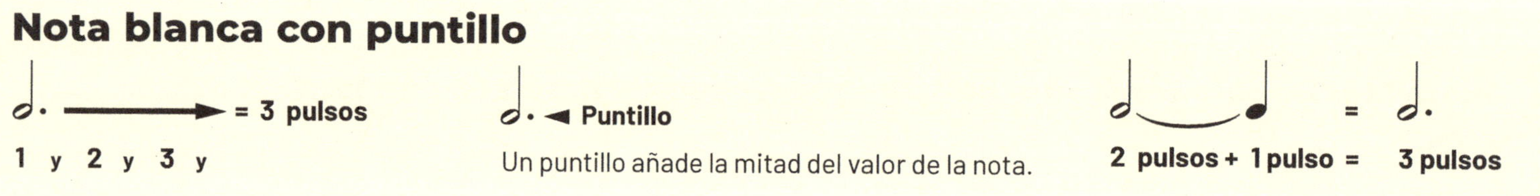

61. Alouette – la secuela

Canción folclórica francocanadiense

62. Está lloviendo

63. Rumbos nuevos – nota nueva

Sol

64. Los nobles

Utiliza siempre la corriente de aire completa. Mantenga los dedos sobre las teclas, con curvatura natural.

65. Essential Elements: Prueba

TEORÍA

3/4 Compás (Tiempo)

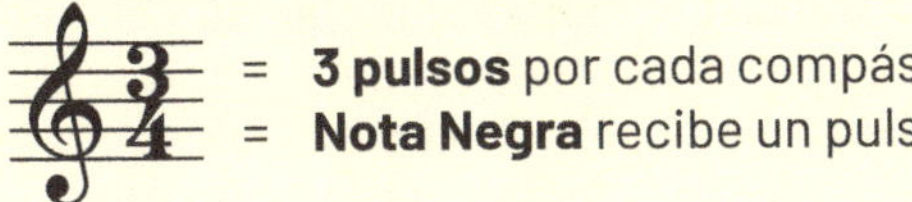

= **3 pulsos** por cada compás
= **Nota Negra** recibe un pulso

Dirigiendo

Practica dirigir esta patrón de 3 pulsos

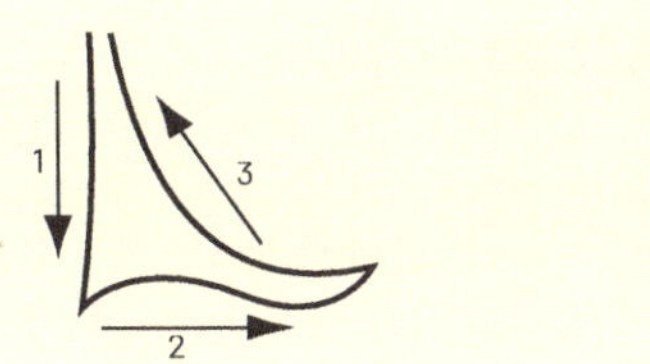

66. Ritmo rap

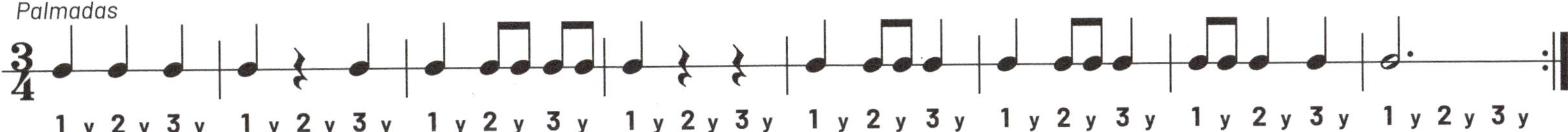

67. Jam de tres pulsos

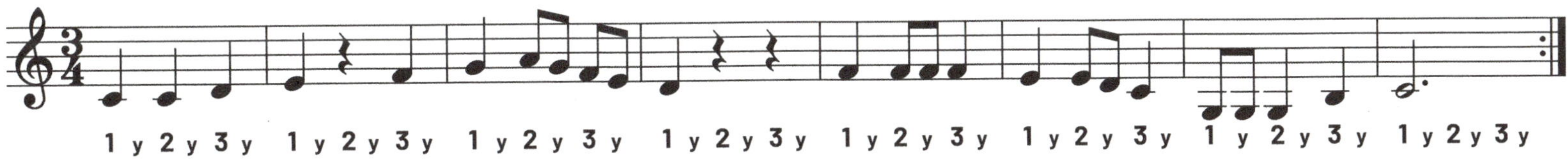

68. Barcarolle

Jacques Offenbach

HISTORIA

El compositor noruego **Edvard Grieg** (1843-1907) escribió *Peer Gynt Suite* para una obra de teatro de Henrik Ibsen en 1875, un año antes de que el teléfono fue inventado por Alexander Graham Bell. "Morning" es una melodía de *Peer Gynt Suite*. La música utilizada en obras de teatro o películas se denomina **música incidental**.

69. Mañana (Peer Gynt)

Edvard Grieg

Signo de acentuación

Enfatiza la nota.

70. Acentúa tu talento

Palmadas

HISTORIA

La música latinoamericana tiene sus raíces en las culturas africana, nativa americana, española y portuguesa. Esta diversa música se caracteriza por vibrantes acompañamientos de tambores y otros instrumentos de percusión como maracas y claves. La música latinoamericana continúa influyendo la música de jazz, clásica y los estilos populares. "Chiapanecas" es una popular canción infantil de baile y juego.

71. Chiapanecas

Canción folclórica latinoamericana

72. Creatividad Esencial

Compone tu propia música para los compases 3 y 4 utilizando este ritmo:

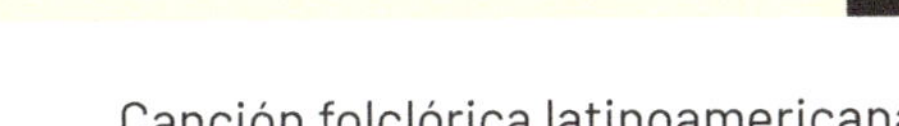

TEORÍA

Alteración

Cualquier signo sostenido, bemol o natural que aparece en la música sin estar en la armadura se llama una **alteración**.

Bemol ♭

Un **bemol** baja el tono de una nota por medio tono. La nota Si bemol suena medio tono por debajo de Si, y todas las notas Si se convierten en Si bemol durante el resto del compás donde aparecen.

73. Panecitos calientes – nota nueva

74. Baile cosaca

75. Blues básico – nota nueva

TEORÍA

Armadura Nueva

Esta Armadura indica la Clava de Fa (F). Tocar cada Si (B) como bemol (B♭).

Primeras y Segundas Terminaciones

Toca la sección repetida hasta el final de la Primera Terminación. Repite la sección indicada, omitiendo la Primera Terminación y saltando a la Segunda Terminación.

76. Altos vuelos

HISTORIA

La **música folclórica japonesa** en actualidad tiene sus orígenes en la antigua China. "Sakura, Sakura" se interpretaba con instrumentos como el **koto**,un instrumento de 13 cuerdas con más de 4000 años de antigüedad, y también con el **shakuhachi** o flauta de bambú. El sonido único de esta antigua melodía japonesa se debe a la secuencia pentatónica (o secuencia de cinco notas) utilizada en este sistema tonal.

77. Sakura, sakura – arreglo de banda

Canción folclórica japonesa
Arr. por John Higgins

78. Sobre la azotéa

79. Alegre viejo San Nicolas – dúo

Consulte la página 9 para música navideña adicional, Mi dreydl y Cascabeles.

80. La gran corriente de aire

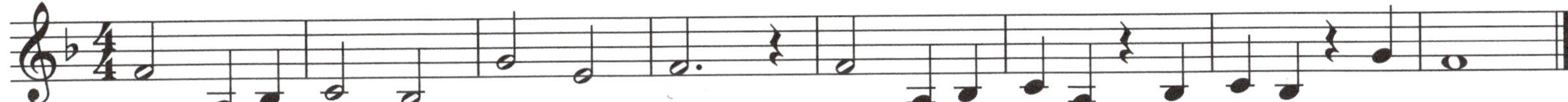

81. Tema de vals (Vals de la viuda alegre)

Franz Lehar

82. Tiempo de aire – nota nueva

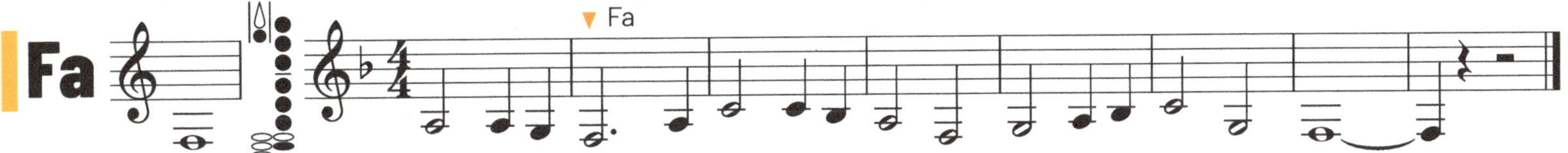

83. Allá por la estación

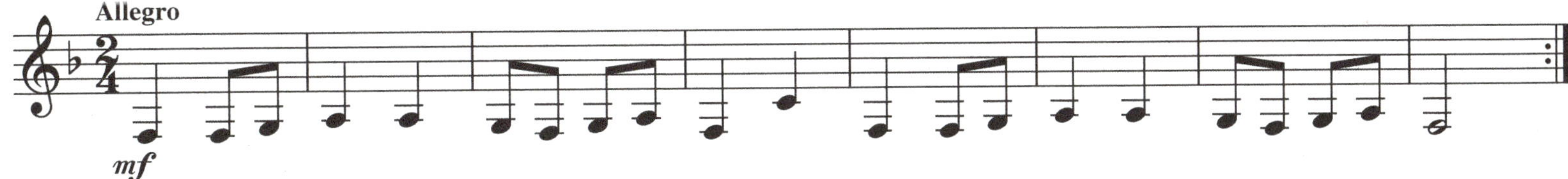

84. Essential Elements: Prueba

85. Creatividad Esencial *Usando estas notas, improvisa tus propios ritmos:*

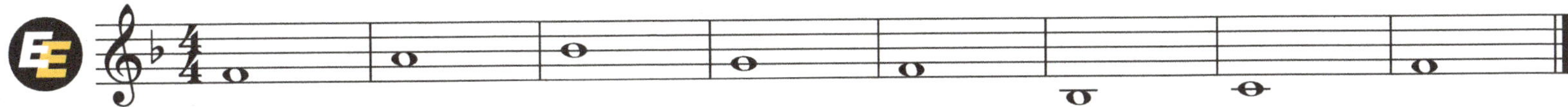

DESARROLLADOR DE TONO *Entrenamientos para tono y técnica*

86. Desarrollador de tono *Utilice un flujo de aire constante*

87. Desarrollador de ritmo

88. Ejercicios de técnica

89. Coral *adaptado de la Cantata 147*

Johann Sebastian Bach

p

TEORÍA

Tema y variación

Una forma musical que presenta un **tema** o melodía principal, seguido por **variaciones** o versiones alteradas del tema.

90. Variaciones sobre un tema conocido

D.C. al Fine

En el **D.C. al fine** toca de nuevo desde el principio, deteniéndose en **fine**.
D.C. es la abreviación para **Da Capo** o "al principio" y **fine** significa el final.

91. Canción del barco banana

Canción folclórica caribeña

Sostenido ♯

TEORÍA

Un **sostenido** eleva el tono de una nota medio tono. La nota fa sostenido suena medio tono por encima de fa, y todos los fas se convierten en fa sostenidos durante el resto del compás donde aparecen.

92. Filo de navaja – nota nueva

93. La caja de música

HISTORIA

Las canciones **espirituales afroamericanas** se originaron en los 1700's a mediados del período de la esclavitud en Estados Unidos. Una de las categorías más grandes de la auténtica música folclórica estadounidense, estas canciones, principalmente religiosas, se cantaron y se transmitieron de generación en generación sin ser escritas. La primera colección de espirituales se publicó en 1867, cuatro años después de la promulgación de la Proclamación de Emancipación.

94. Ezekiel vió la rueda

Canción espiritual africana-americana

Ligadura

Una línea curva que conecta notas de diferente altura.
Articular solo la primera nota de una **ligadura**.

95. Operador hábil

Ligar 2 notas – articular solo la primera nota.

96. Deslizando

Ligar 4 notas – articular solo la primera nota

HISTORIA

El ragtime es un estilo musical norteamericano popular desde la década de 1890 hasta la primera guerra mundial. Esta forma temprana de jazz dio fama a pianistas como "Jelly Roll" Morton y Scott Joplin, autores de "The Entertainer" y "Maple Leaf Rag". Sorprendentemente, el estilo se incorporó a algunas obras orquestales de Igor Stravinsky y Claude Debussy. Los trombones ahora aprenden a tocar el glissando, una técnica utilizada en el ragtime y otros estilos musicales.

97. Rag de trombón

98. Essential Elements: Prueba

99. Tomar la delantera – *Cubra siempre completamente los agujeros de tono.*

TEORÍA

Frase

Una "oración" musical que comúnmente tiene 2 o 4 compases.
Trata de tocar una **frase** completa con una sola respiración.

100. El viento frío

101. Fraseología *Escribe los signos de respiración (ʼ) entre las frases.*

TEORÍA

Armadura nueva

Esta **Armadura** indica la Clave de Sol. Toca cada Fa (F) como sostenido (F#).

Silencios de compases multiples

El número sobre en pentagrama indica cuantos compases completos requieren silencio. Contar cada compás de silencio en secuencia:

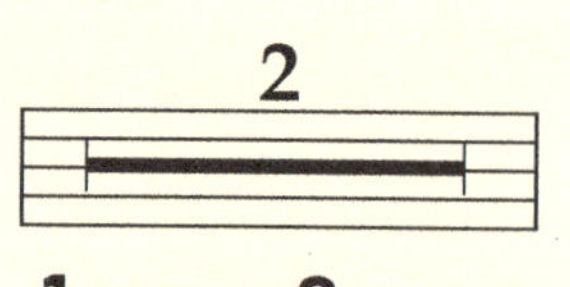

1-2-3-4 **2**-2-3-4

102. Latin Satinado

HISTORIA

El compositor alemán **Johann Sebastian Bach** (1685–1750) fue parte de una gran familia de músicos famosos y se convirtió en el compositor más reconocido de la época barroca. Comenzando como miembro del coro, Bach pronto se convirtió en organista, profesor y compositor prolífico, que escribió más de *600 obras* maestras. Este Minueto, o danza en compás de 3/4, fue escrita como una pieza didáctica para su uso con una forma temprana del piano.

103. Minuet – dúo

Johann Sebastian Bach

104. Creatividad Esencial

Esta melodía se puede tocar en 3/4 o 4/4. Dibuja a lápiz cualquiera de las dos compases, dibuja las líneas divisorias y toca la canción. Ahora borra las líneas divisorias y prueba con el otro compás. ¿Suenan diferentes las frases?

Becuardo ♮

Un **becuadro** anula un bemol o un sostenido y permanece vigente durante todo el compás.

TEORÍA

105. Naturalmente

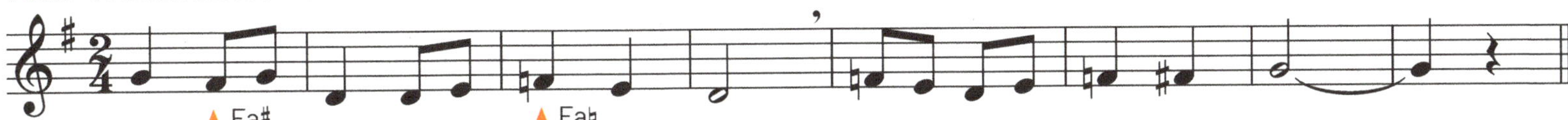

El compositor austriaco **Franz Peter Schubert** (1797–1828) vivió una vida más corta que cualquier otro gran compositor, pero creó una increíble cantidad de música: más de 600 canciones artísticas (música de concierto para voz y acompañamiento), diez sinfonías, música de cámara, óperas, obras corales y piezas para piano. Su "Marcha militar" fue originalmente un dúo de piano.

HISTORIA

106. Marcha militar

Franz Schubert

107. La zona plana – nota nueva

Mi bemol

108. Encima de viejo Smokey

Canción folclórica estadounidense

El boogie-woogie es un estilo de **blues**, y fue grabado por primera vez por el pianista Clarence "Pine Top" Smith en 1928, un año después del vuelo en solitario de Charles Lindbergh a través del Atlántico. La música blues, como una forma de jazz, presenta notas alteradas y generalmente se escribe en versos de 12 compases, como "Boogie del bajo de abajo".

HISTORIA

109. Boogie del bajo de abajo – dúo

Notas negras con puntillo y corcheas
= 2 pulsos
1 y 2 y
Un punto añade la mitad del valor de la negra.
1 y 2 y
Una sola corchea tiene una bandera en la plica.
110. Rap de ritmo
Palmadas
1 y 2 y 3 y 4 y 1 y 2 y 3 y 4 y 1 y 2 y 3 y 4 y 1 y 2 y 3 y 4 y
111. El punto siempre cuenta
1 y 2 y 3 y 4 y 1 y 2 y 3 y 4 y 1 y 2 y 3 y 4 y 1 y 2 y 3 y 4 y
112. Toda la noche
Fine
D.C. al Fine
mf
p
113. Chabolas de mar
Utiliza siempre la corriente de aire completa.
Canción folclórica inglesa
Moderato
f
mf
f
114. La feria de Scarborough
Canción folclórica inglesa
Andante
mf
f
mf
p
115. Rap de ritmo
Palmadas
1 y 2 y 3 y 4 y 1 y 2 y 3 y 4 y 1 y 2 y 3 y 4 y 1 y 2 y 3 y 4 y
116. El cambio de rumbo
1 y 2 y 3 y 4 y 1 y 2 y 3 y 4 y 1 y 2 y 3 y 4 y 1 y 2 y 3 y 4 y
117. Essential Elements: Prueba – Auld lang syne
Canción folclórica escocesa
Andante
mf
Revisa el ritmo
f

RENDIMIENTO DESTACADO

Solo con Acompañamiento de Piano

Puedes realizar este solo con o sin un pianista acompañante. Tócalo para la banda, la escuela o tu familia. Este pasaje forma parte de la **Sinfonía #9 ("Del Mundo Nuevo")** del compositor checo **Antonin Dvorák** (1841-1904). Él escribió la obra mientras visitaba Estados Unidos en 1893, y se inspiró para incluir melodías de canciones folclóricas y espirituales estadounidenses. Este es el tema Largo (o "tempo muy lento").

118. Tema de "Sinfonía del nuevo mundo"

Antonin Dvorák

TÉCNICA ESPECIAL DE CLARINETE – Clave de Registro

Las notas superiores Si♭ a requieren la clave de registro y se denominan notas de "registro superior".

Recuerda lo siguiente:
1. Mantén un flujo de aire constante y rápido.
2. Mantén la embocadura firme y la barbilla plana.
3. Rueda ligeramente el pulgar hacia arriba para abrir la llave de registro.

Los grandes músicos animan a sus compañeros intérpretes. En esta página, los clarinetistas aprenden el registro superior de sus instrumentos en los "Saltos de gorila granadilla" (llamado así por la madera de granadilla utilizada para hacer clarinetes). Los músicos de instrumentos metales aprenden las ligaduras de labios, un nuevo patrón de calentamiento. El éxito de tu banda depende del esfuerzo y el estímulo de todos.

119. Salto de gorila granadilla n.° 1

120. Saltando arriba y abajo

121. Salto de gorila granadilla n.° 2

122. Saltando con alegría

123. Salto de gorila granadilla n.° 3

124. Saltos de tijera

TEORÍA

Intervalo

La distancia entre dos tonos es un **intervalo**. Comenzando con "1" en la nota más baja, cuenta cada línea y espacio entre las notas. El número de la nota más alta es la distancia del intervalo.

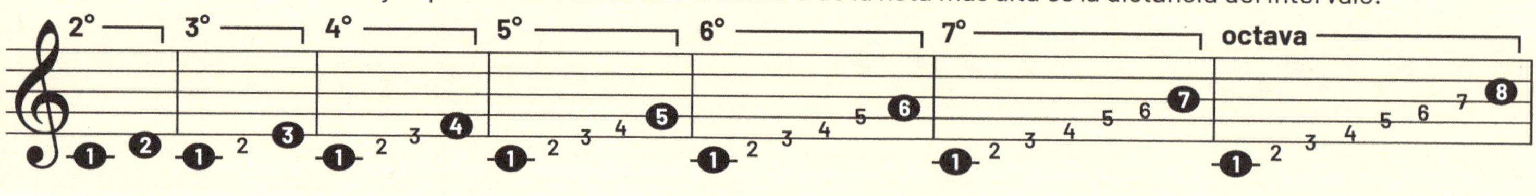

125. Essential Elements: Prueba

Escribe los números de los intervalos, contando hacia arriba desde las notas más bajas.

Canciones adicionales están disponibles en línea. Consulte la portada interior para obtener más detalles.

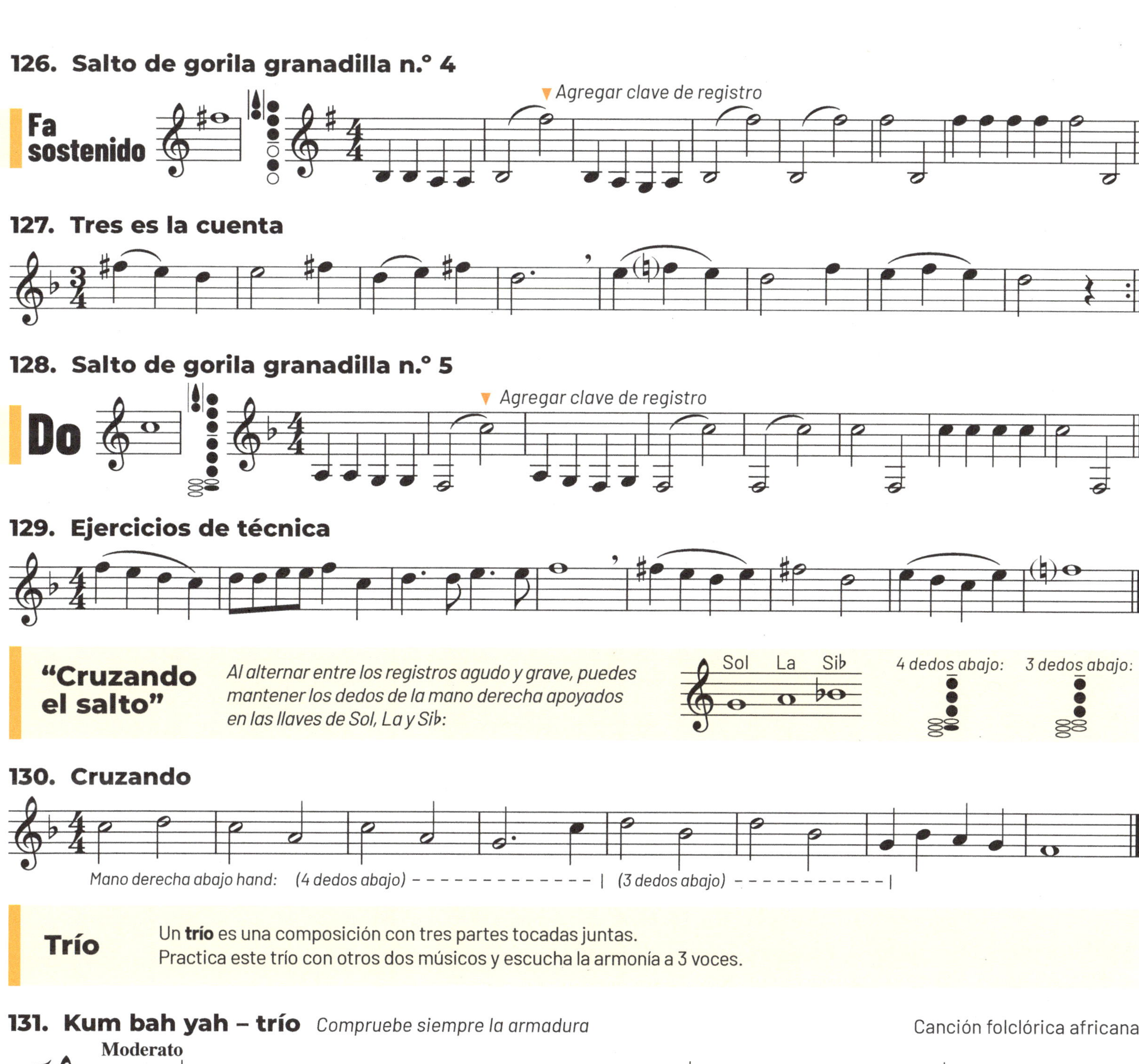

126. Salto de gorila granadilla n.° 4

127. Tres es la cuenta

128. Salto de gorila granadilla n.° 5

129. Ejercicios de técnica

“Cruzando el salto” *Al alternar entre los registros agudo y grave, puedes mantener los dedos de la mano derecha apoyados en las llaves de Sol, La y Si♭:*

130. Cruzando

Trío Un **trío** es una composición con tres partes tocadas juntas.
Practica este trío con otros dos músicos y escucha la armonía a 3 voces.

131. Kum bah yah – trío *Compruebe siempre la armadura*

Canción folclórica africana

Signos de Repetición

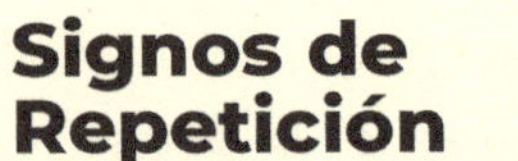

Repite la sección de música encerrada por los **signos de repetición**. (Si se usan terminaciones 1ª y 2ª, se tocan como de costumbre, pero se vuelve a la primera señal de repetición, no al principio).

132. Michael rema el bote hasta la orilla

Canción folclórica africana

Andante

mf

Mano derecha abajo

1. 2.

133. Vals austríaco

Canción folclória austriaco

Moderato

f

134. Bahía botánica

Canción folclórica australiano

Allegro

mf *f* *mf*

TEORÍA

C Compás

C = **Tiempo común** (igual a 4/4)

Dirigiendo

Practica dirigir este patrón de cuatro pulsos

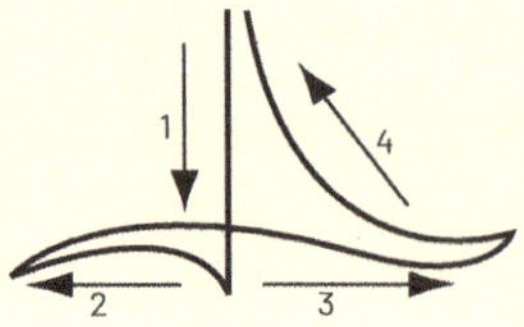

1 2 3 4

135. Ejercicios de técnica

Practica este ejercicio en todos los niveles dinámicos.

136. Finlandia

Jean Sibelius

Andante

p *mf* *p*

1. 2.

137. Creatividad Esencial

Crea tus propias variaciones dibujando un punto y una bandera para cambiar el ritmo de cualquier compás de ♩ ♩ *a* ♩. ♪

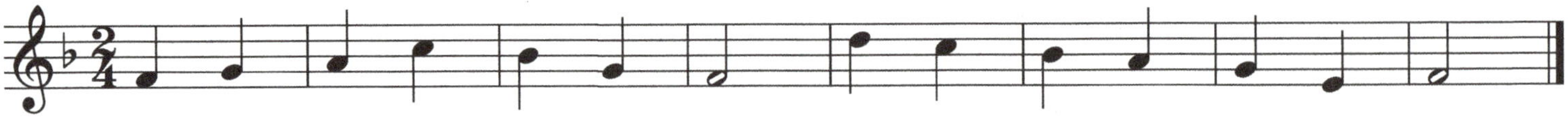

138. Saltos fáciles de gorila *En este ejercicio, los clarinetes tienen una parte especial.*

139. Ejercicios de técnica *Compruebe siempre la armadura.*

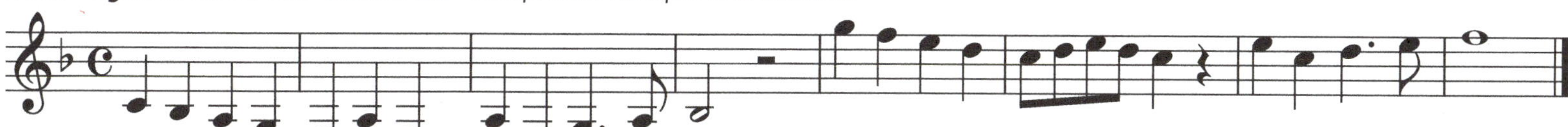

140. Otro ejercicio de técnica

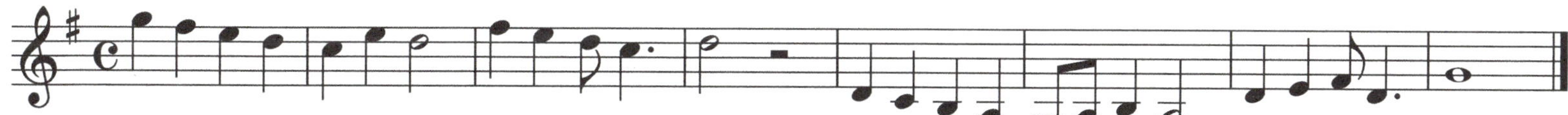

141. Canción alemana folclórica

142. Cuando los santos vuelven a marchar James Black y Katherine Purvis

143. Paseo de los gorila de tierra-baja *Asegúrate de que las yemas de los dedos cubran completamente los agujeros.*

144. Navegación tranquila

145. Más saltos de gorila *En este ejercicio, los clarinetes tienen una parte especial.*

146. Cobertura total *Asegúrate de cubrir completamente los agujeros.*

TEORÍA

Escala

Una **escala** es una secuencia de notas en orden ascendente o descendente. Como una "escalera" musical, cada peldaño es la siguiente nota consecutiva de la tonalidad. Esta escala está en tu tonalidad de Do (sin sostenidos ni bemoles), por lo que la nota más alta y la más baja son ambas Do. El intervalo entre los Do es una octava.

147. Escala de Si bemol (Clarinete bajo – Escala de Do)

TEORÍA

Acorde y Arpegios

Cuando dos o más notas se tocan juntas, forman un acorde o armonía. Este acorde de Do se construye a partir de los pasos 1º, 3º y 5º de la escala de Do (C). El octavo paso es el mismo que el 1º, pero es una octava más alta. Un arpegio es un acorde "fragmentado" cuyas notas se tocan individualmente.

148. En armonía

Divida las notas de los acordes entre los miembros de la banda y tóquenlos juntos. ¿Suena el arpegio como un acorde?

149. Escala y arpegio

HISTORIA

El compositor austriaco **Franz Josef Haydn** (1732-1809) escribió 104 sinfonías. Muchas de estas obras tenían apodos e incluían efectos brillantes y únicos para su época. *Su sinfonía N.º 94* fue llamada "La sinfonía sorpresa" porque el suave segundo movimiento incluía una dinámica repentina y fuerte, destinada a despertar a un público a menudo adormecido. Presta atención especial a la dinámica cuando toques este famoso tema.

150. Tema de la Sinfonía sorpresa

Franz Josef Haydn

151. Essential Elements: Prueba – Las calles de Laredo

Canción folclórica estadounidense

Escribe los nombres de las notas antes de tocar

RENDIMIENTO DESCATADO

152. Espíritu escolar – arreglo de banda

W.T. Purdy
Arr. por John Higgins

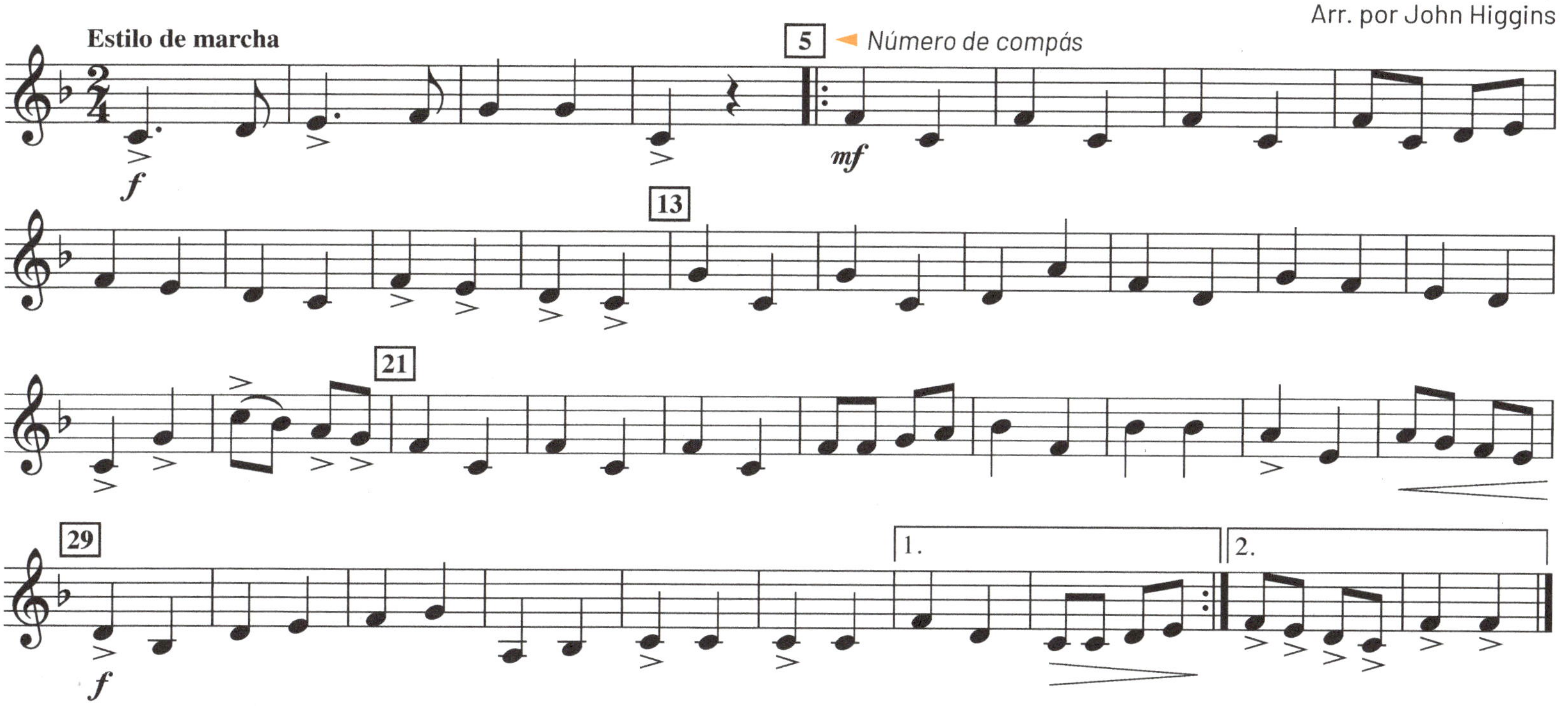

Estilo de marcha

5 ◄ *Número de compás*

f *mf*

13 21 29

1. 2.

Soli

Mientras tocando música indicado como **Soli**, eres parte de un "solo" para un grupo entero. Escucha cuidadosamente durante "Carnaval de Venezia" e identifica el nombre de los instrumentos que tocan la parte del Soli en cada compás indicada.

153. Carnaval de Venezia – arreglo de banda

Julius Benedict
Arr. por John Higgins

Allegro

mf *f* *mf*

5 13 8 21 7

Soli 29 *f*

final de Soli 37 7

45 *p* *mf*

f

CALENTAMIENTOS DIARIOS

EJERCICIOS PARA TONO Y TÉCNICA

154. Desarrollador de registro y flexibilidad

155. Ejercicios de técnica

156. Coral

Johann Sebastian Bach

HISTORIA

La melodía tradicional hebrea "Hatikvah" ha sido el himno nacional de Israel desde el inicio de la nación. En la declaración de estado de 1948, fue cantada por la asamblea reunida durante la ceremonia de apertura y fue interpretada por miembros de la Orquesta Sinfónica de Palestina al concluir.

157. Hatikvah

Himno nacional israelí

Nota corchea y silencio de corchea

♪ = 1/2 pulso de sonido
𝄾 = 1/2 pulso de silencio

158. Rap de ritmo

159. Marcha de corcheas

160. Minuet

Johann Sebastian Bach

161. Rap de ritmo

162. Corcheas después del pulso

163. Corcheas revueltas

164. Essential Elements: Prueba

165. Melodía de baile – nota nueva

HISTORIA

El compositor y director de orquesta estadounidense **John Phillip Sousa** (1854-1892) escribió 136 marchas. Conocido como "El rey de la marcha". Sousa escribió *The Stars and Stripes Forever, Semper Fidelis, The Washington Post* y muchas otras obras patrióticas. La banda de Sousa tocó en todo el país, y su fama ayudó aumentar la popularidad de las bandas en Estados Unidos. Aquí hay una melodía de su famosa opereta y marcha *El capitán*:

166. El capitán

John Philip Sousa

HISTORIA

O Canadá, anteriormente conocido como "la canción nacional", se representó por primera vez en el año 1880 en el Canadá Francés. Robert Stanley Weir tradujo la versión ingles en el año 1908, pero la canción no fue adoptada como el himno nacional de Canadá hasta el año 1980, cien años después de su estreno.

167. O Canadá

Calixa Lavallee,
l'Hon. Judge Routhier y Justice R.S. Weir

168. Essential Elements: Prueba – Meter mania

Contar y palmadas antes de tocar. ¿Puedes dirigir esto?

Enarmónicos

Dos notas que están escritas de manera diferente, pero suenan igual (y tocadas con la misma digitación) se llaman **enarmónicas**. La tabla de digitación de las páginas 46 y 47 muestra las digitaciones de las notas enarmónicas de tu instrumento.

En el teclado de un piano, cada tecla negra es a la vez un bemol y un sostenido.

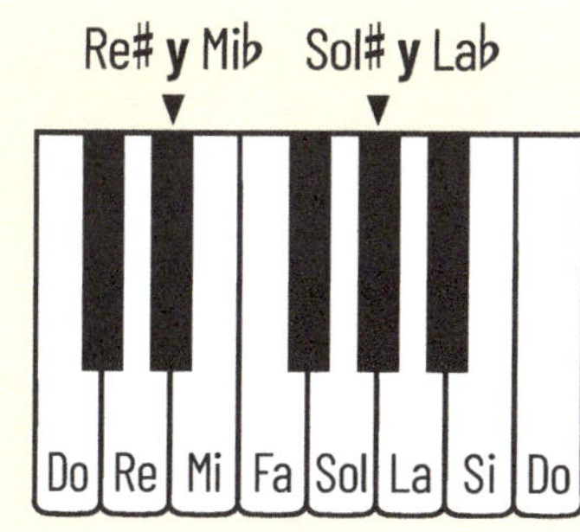

TEORÍA

169. Encantador de serpientes

Las notas enarmónicas usan la misma digitación.

170. Sombras oscuras

171. Encuentros cercanos

Las notas enarmónicas usan la misma digitación.

172. March slav

Peter Ilyich Tchaikovsky

173. Notas disfrazadas

Notas cromáticas

Las **notas cromáticas** se alteran con sostenidos, bemoles y signos naturales que no están en la armadura. La distancia más pequeña entre dos notas es un semitono, y una escala formada por semitonos consecutivos se denomina **escala cromática**.

TEORÍA

174. Paseando en medio-pasos

Fa sostenido

Digitación alternada

HISTORIA

El compositor francés **Camille Saint-Saëns** (1835-1921) escribió música para prácticamente todos los medios: óperas, suites, sinfonías y obras de cámara. La "Danza egipcia" es uno de los temas principales de su famosa ópera *Sansón y Dalila*. La ópera fue escrita el mismo año en que Thomas Edison inventó el fonógrafo, 1877.

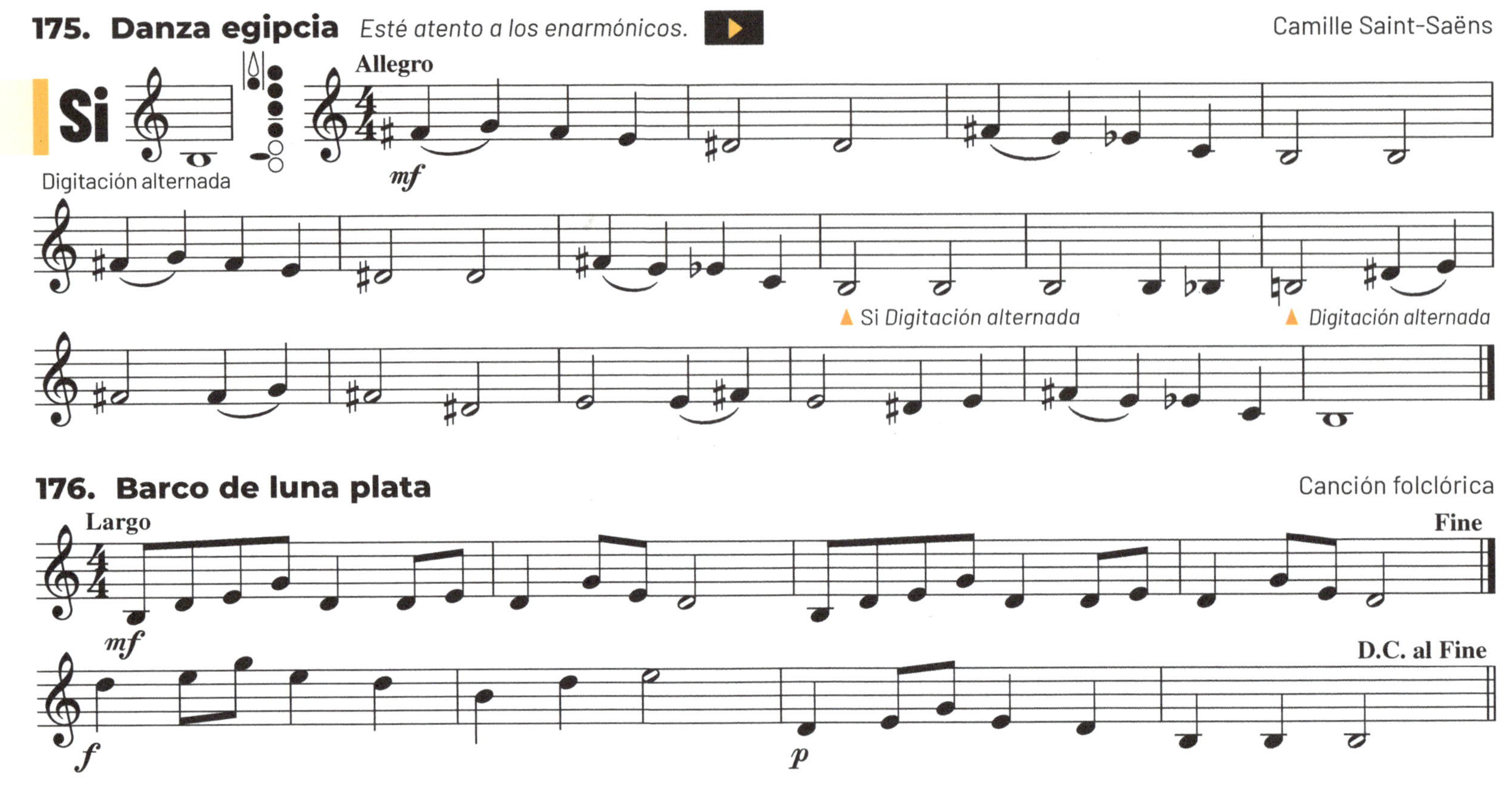

HISTORIA

El compositor alemán **Ludwig van Beethoven** (1770-1827) es considerado uno de los más grandes compositores del mundo, a pesar de quedar completamente sordo en 1802. Aunque no podía escuchar su música de la manera en que nosotros podemos, podía "escucharla" en su mente. Como testimonio de su grandeza, su Sinfonía n.º 9 (p. 13) se interpretó como final de la ceremonia que celebró la reunificación de Alemania en 1990. Este es el tema de su *Sinfonía n.º* 7, segundo movimiento.

177. Tema de la Sinfonía n.° 7 – dúo

Ludwig van Beethoven

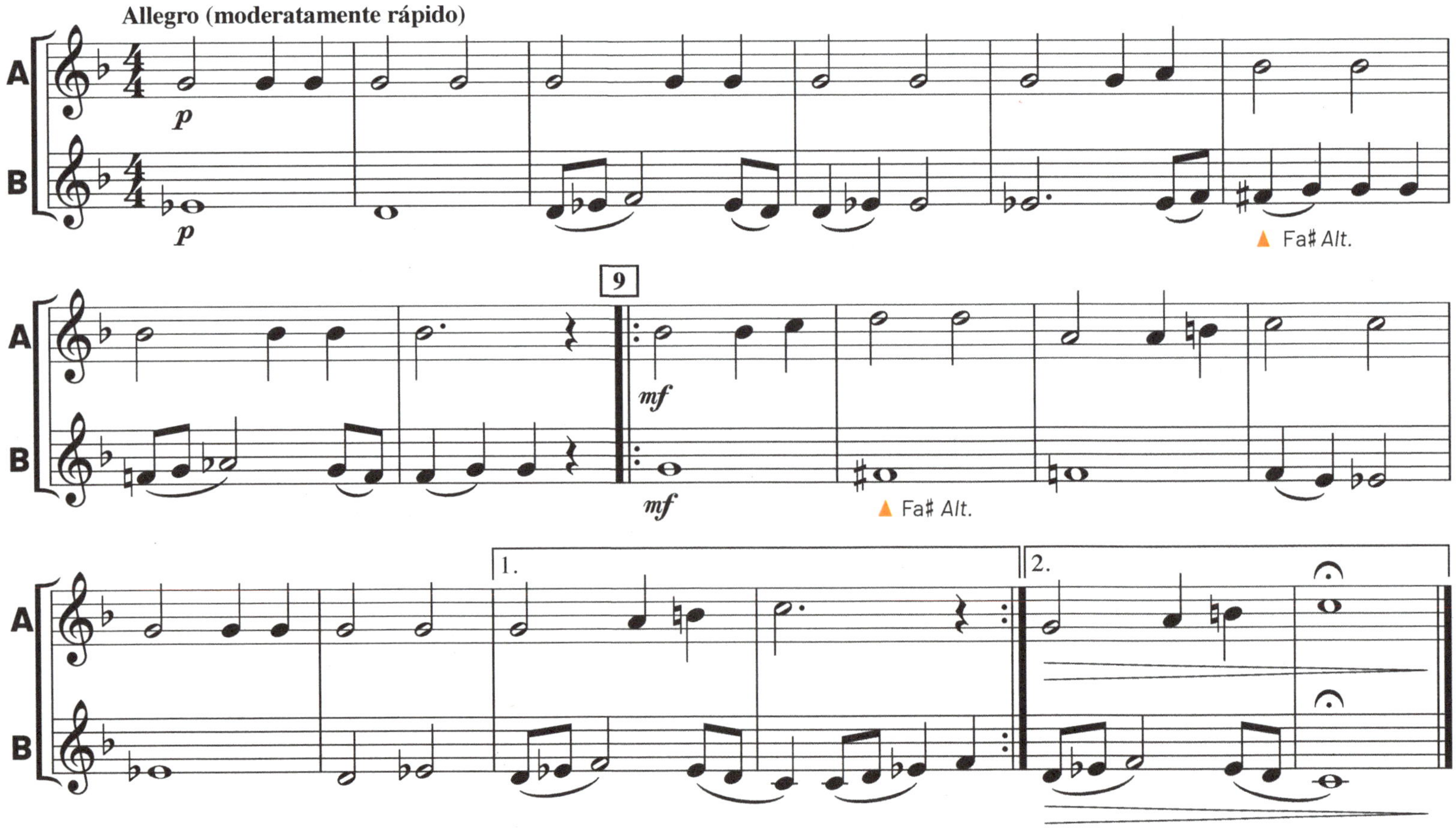

Allegro (moderatamente rápido)

A / B — *p*

Fa♯ *Alt.*

9 — *mf*

Fa♯ *Alt.*

1. 2.

HISTORIA

El compositor ruso **Peter Ilyich Tchaikovsky** (1840-1893) escribió seis sinfonías y cientos de otras obras, entre ellas el ballet *El Cascanueces*. Fue un maestro en la composición de brillantes arreglos de música folclórica, y sus melodías originales se encuentran entre las más populares de todos los tiempos. *Su Obertura de 1812* y *Capriccio Italien* fueron escritas en 1880, un año después de que Thomas Edison desarrollara la bombilla eléctrica.

Canciones adicionales están disponibles en línea. Consulte la portada interior para obtener más detalles.

RENDIMIENTO DESCATADO

182. America la bella – arreglo de banda

Samuel A. Ward
Arr. por John Higgins

183. La cucaracha – arreglo de banda

Canción folclórica latinoamericana
Arr. por John Higgins

RENDIMIENTO DESCATADO

184. Tema de la Obertura de 1812 – arreglo de banda

Peter Ilyich Tchaikovsky
Arr. por John Higgins

Allegro

f *p* *f* *p*

10

18 4

mf *f*

26

34

42

RENDIMIENTO DESCATADO

Solo con Acompañamiento de piano

Actuar frente a una audiencia es una parte emocionante de participar en la música. Este solo está basado en la *Sinfonía n.º 1* del compositor alemán **Johannes Brahms** (1833-1897). Él completó su primera sinfonía en 1876, el mismo año en que Alexander Graham Bell inventó el teléfono. Tú y un acompañante al piano pueden interpretarlo para la banda o en otros eventos escolares y comunitarios.

185. Tema de la sinfonía N.° 1 – Solo *(version de Si-bemol)*

Johannes Brahms
Arr. por John Higgins

DÚOS

Esta es una oportunidad para reunirse con un amigo y disfrutar tocando música. El otro estudiante no tiene que tocar el mismo instrumento que tú. Intenta que coincidan exactamente con respeto al ritmo, las notas y la calidad del tono. Eventualmente, puede comenzar a sonar como si las dos partes están siendo interpretadas por una sola persona! Más tarde, intente intercambiar las partes.

186. Baja suave, dulce carroza – Dúo

Canción espiritual africana-americana

ESTUDIOS DE ESCALA Y ARPEGIOS DE RUBANK

ESTUDIOS DE ESCALA Y ARPEGIOS DE RUBANK

Clarinete bajo en Sol (Fa de concierto)

En esta armadura, toca todos los Fa♯ .

ESTUDIOS DE RITMO

ESTUDIOS DE RITMO

CREANDO MÚSICA

TEORÍA

Composición

Composición es el arte de crear música original. Usualmente empieza creando una melodía que consiste de varias **frases**, como breves oraciones musicales. Algunas melodías tienen frases que parecen responderle a las frases que parecen presentar una pregunta, como en las obra de Beethoven *"Ode To Joy"*. Toca esta melodía y escucha como las frases 2 y 4 dan respuestas un poco variadas a la misma pregunta (frase 1 y 3).

1. Oda a la alegría

Ludwig van Beethoven

1. Pregunta *2. Respuesta* *3. Pregunta* *4. Respuesta*

2. P. y R. *Escribe tu propia frase de "respuesta" en esta melodía*

1. Pregunta *2. Respuesta*

3. Pregunta *4. Respuesta*

3. Desarolladores de frases *Escribe 4 frases diferentes usando los ritmos debajo de cada pentagrama.*

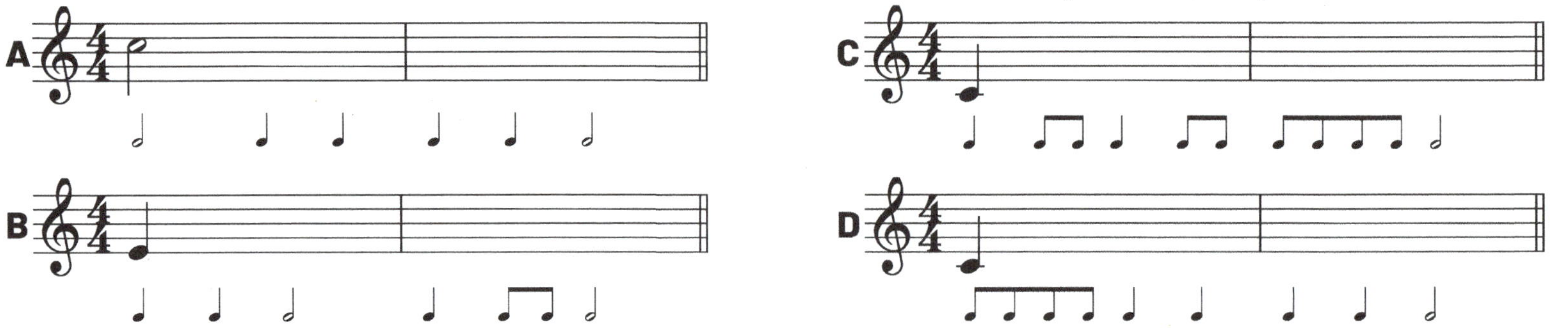

A

C

B

D

4. Créa su proprio título:______________________

Escoge la frase A, B, C o D de arriba y escríbela como la "Pregunta" para las frases 1 y 3 debajo.
Luego escribe 2 respuestas diferentes para las frases 2 y 4.

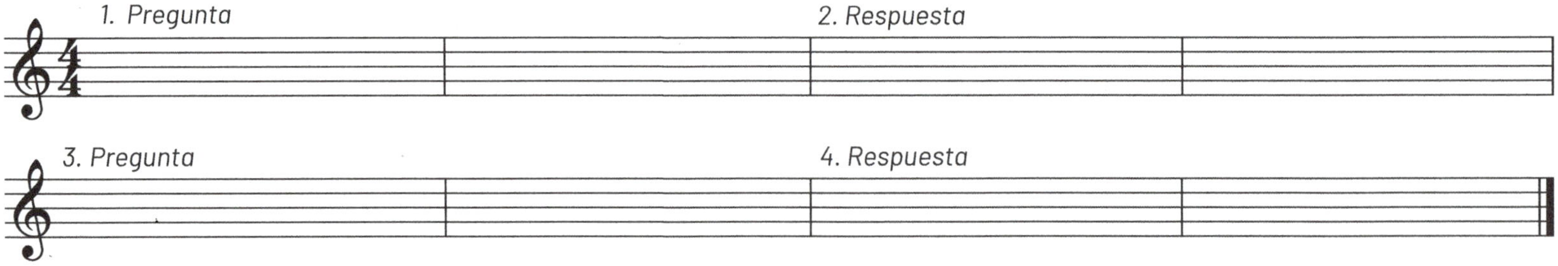

1. Pregunta *2. Respuesta*

3. Pregunta *4. Respuesta*

TEORÍA

Improvisación

La improvisación es el arte de crear libremente tu propia melodía mientras tocas. Usa estas notas para tocar tu propia melodía (Línea A), para tocar con el acompañamiento (Línea B).

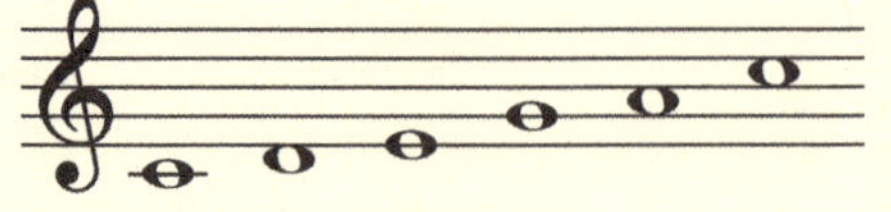

5. Melodía instante

Puedes marcar tu progreso a través del libro en esta página.
Rellena las estrellas según las instrucciones del director de la banda.

1. Página, 2-3 Los básicos
2. Página 5, EE prueba, n.º 13
3. Página 6, EE prueba, n.º 19
4. Página 7, EE prueba, n.º 26
5. Página 8, EE prueba, n.º 32
6. Página 10, EE prueba, n.º 45
7. Página 12-13, rendimiento destacado
8. Página 14, EE prueba, n.º 65
9. Página 15, creatividad esencial, n.º 72
10. Página 17, EE prueba, n.º 84
11. Página 17, creatividad esencial, n.º 85
12. Página 19, EE prueba, n.º 98
13. Página 20, creatividad esencial, n.º 104
14. Página 21, n.º 109
15. Página 22, EE prueba, n.º 117
16. Página 23, rendimiento destacado
17. Página 24, EE prueba, n.º 125
18. Página 26, creatividad esencial
19, Página 28, n.º 149
20. Página 28, EE prueba, n.º 151
21. Página 29, rendimiento destacado
22. Página 31, EE prueba, n.º 164
23. Página 32, EE prueba, n.º 168
24. Página 33, n.º 174
25. Página 35, EE prueba, n.º 181
26. Página 36, rendimiento destacado
27. Página 37, rendimiento destacado
28. Página 38, rendimiento destacado

Música – un elemento esencial de la vida

TABLA DE DIGITACIONES Clarinete bajo en Si♭

Recordatorios de cuidado de instrumentos

Antes de guardar tu instrumento en su estuche después de tocar, haz lo siguiente:

- Retira la caña, limpia el exceso de humedad y guárdala en el estuche para cañas.
- Quita la boquilla y limpia el interior con un paño limpio. Una vez por semana, lava la boquilla con agua tibia del grifo. Sécala completamente.
- Retira el barril y la campana, y sacude el exceso de humedad. Sujeta la sección superior con la mano izquierda y la sección inferior con la mano derecha. Gira suavemente las secciones para separarlas. Sacude el exceso de humedad.
- Deja caer una gamuza con peso o un hisopo de algodón dentro del pabellón y sácalo por el barril. Deja caer un paño de gamuza con peso o un hisopo de algodón en cada sección y sácalo por la parte inferior.
- Al volver a colocar cada pieza en la funda, verifica que estén completamente secas.
- Tu funda está diseñada para contener solo objetos específicos. Si intentas forzar cualquier otra cosa dentro, podrías dañar tu instrumento

○ = Abierto

● = Oprimido

Las digitaciones alternativas se usan en ciertas situaciones para facilitar una técnica más fluida. Estas se muestran a la derecha de las digitaciones más comunes.

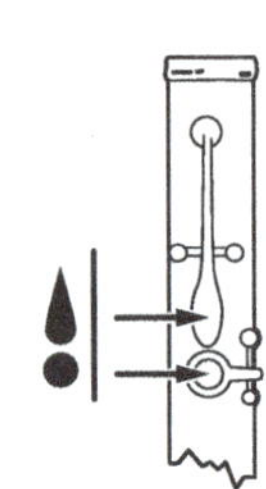

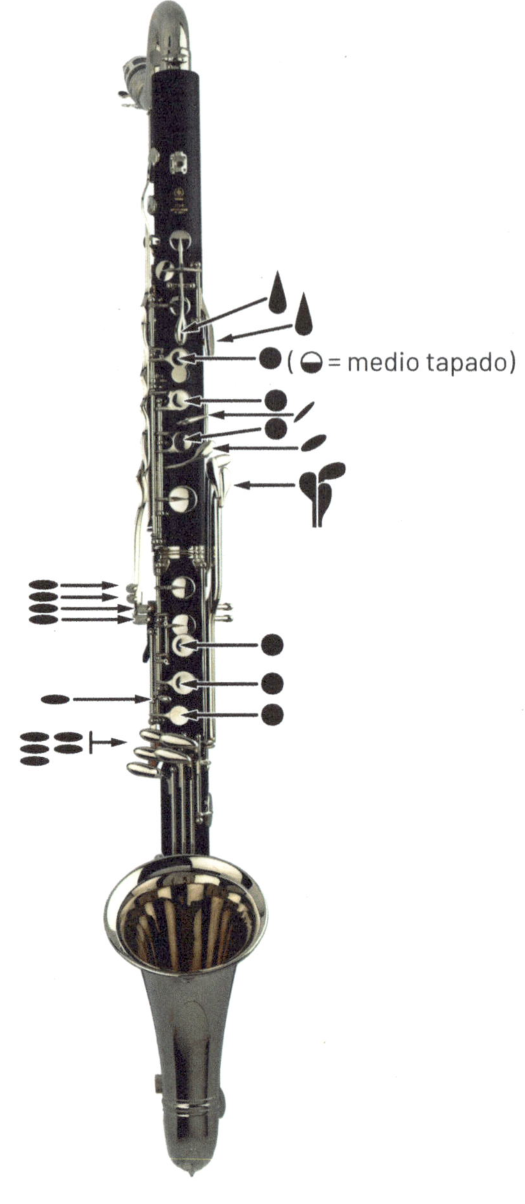

Instrumentos y fotos cortesía de Yamaha

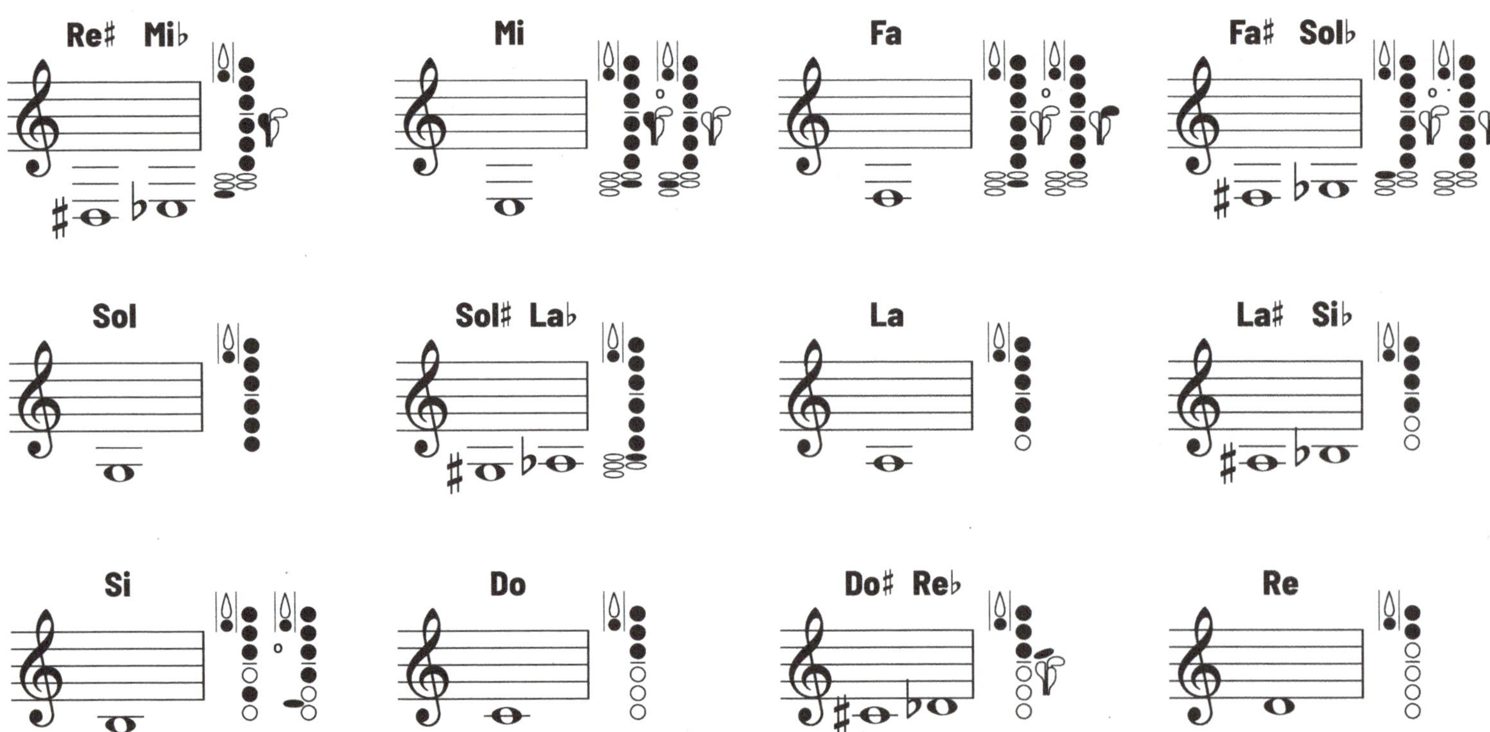

TABLA DE DIGITACIONES Clarinete bajo en Si♭

Índice de referencia

Definiciones (páginas)

Acento (signo de actuación) 15
Acordes 28
Allegro 11
Alteraciones 16
Andante 11
Armadura 7
Armonía 8
Arpegio 28
Becuadro 5
Bemol 5
Blues 21
Canon 12
Clave de Fa 5
Clave de Sol 5
Compás (pulsos por sección) 3
Compás (referido a tiempo) 5
Corchea 10
Crescendo 11
D.C. al fine 18
Decrescendo 11
Diminuendo 11
Dinámicas 9
Doble barra 5
Dúo 7
Embocadura (metales y maderas) 2
Enarmónicas 33
Escala 28
Escala Cromática 33
Fermata 8
Forte (*f*) 9
Frase 20
Glissando 19 (Trombón)
Intervalos 24
Largo 23
Ligadura 14, 19
Lineas adicionales 3
Lineas divisoras 3
Marcas de respiración 6
Medio paso 33
Mezzo forte (*mf*) 9
Moderato 11
Notas 4
Nota blanca 6
Nota blanca con puntillo 14
Notas cromáticas 33
Nota negra 4
Nota negra con puntillo 22
Notas preparatorias 9
Nota redonda 7
Pentagrama musical 3
Piano (*p*) 9
Primera/secunda terminación 16
Pulso 4
Ragtime (estilo norteamericano) 19
Silenci 4, 6, 7, 31
Silencio de corchea 31
Silencio de compás multiple 20
Signo de repetición 5, 26
Soli 29
Solo 23, 38
Sostenido 5
Tema y variaciones 18
Tempo 11
Tiempo común (compás 4/4) 26
Trío 25

Compositores

JOHANN SEBASTIAN BACH
- Coral (de la Cantata 147) 18
- Chorale 30
- Minuet 20
- Minuet 31

LUDWIG VAN BEETHOVEN
- Himno a la alegría (de sin. n.º 9) 13
- Tema de la sinfonía n.º 7 34

JOHANNES BRAHMS
- Tema de sinfonía n.º1 38 8
  (Para metales y maderas bajas)

ANTONIN DVORÁK
- Tema de sinfonía el nuevo mundo 23

EDVARD GRIEG
- Mañana (de Peer Gynt suite) 15

FRANZ JOSEF HAYDN
- Tema de sinfonía sorpresa 28

FRANZ LEHAR
- Tema de vals 17

WOLFGANG AMADEUS MOZART
- Eine kleine nachtmusik 38
  (para maderas altas)
- Una melodía Mozart 8

JACQUES OFFENBACH
- Barcarolle 15

GIOACHINO ROSSINI
- William Tell 10

CAMILLE SAINT-SAËNS
- Danza egipcia 34

FRANZ SCHUBERT
- Marcha militar 21

JEAN SIBELIUS
- Finlandia 26

JOHN PHILIP SOUSA
- Cadetes de secundaria 11
- El capitán 32

PETER ILYICH TCHAIKOVSKY
- Obertura de 1812 37
- Capriccio italien 35
- March slav 33

Música del mundo

AFRICANO
- Kum bah yah 25

ALEMAN
- Canción folclórico alemana 27

AUSTRIACO
- Vals astriaco 26

AUSTRALIANO
- Bahía botánica 26

CANADIENSE
- Alouette 14
- O Canadá 32

CARIBEÑO
- Canción del barco banana 18

CHINO
- Barco luna de plata 34

ESCOCÉS
- Auld Lang Syne 22

FRANCÉS
- El claro de la luna 8
- Frère Jacques 12

INGLÉS
- El puente de Londres 8
- Chabolas de mar 22
- La feria de Scarborough 22

ISRAELí
- Hatikvah 30

ITALIANO
- Carnaval de Venezia 29

JAPONÉS
- Sakura, sakura 16

MEXICANA
- Chiapanecas 15
- La bamba 39
- La cucaracha 36

NORTEAMERICANO
- America la bella 36
- Aura Lee 12
- Caminante extranjero 35
- Cuando los santos marchan 13, 27
- Díselo a tía Rhodie 6
- Ezekiel vió la rueda 19
- Las calles de Laredo 28
- Michael rema el bote 26
- Oscila bajo, dulce carro 39
- Encima de viejo Smokey 21
- Patrulla americana 35
- Saltando a mi Louis 10

OBRAS TRADICIONALES NAVIDEÑAS Y JUDÍAS
- Alegre viejo San Nicolás 17
- Cascabeles 9
- Mi dreydl 9
- Sobre la azotéa 17